# 십우도十牛圖 감상

깨달음으로 가는 정신치료적 여정

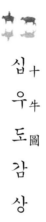

# 십十
# 우牛
# 도圖
# 감
# 상

심상호 · 홍영호 · 고진철
엮음

국학자료원

# 서 문

　오래전에 친구가 십우도 책을 내보면 어떠하겠냐고 물었다. 그래서 그 친구에게 같이 공부하고 나서 같이 책을 내자고 했다. 홍영호, 고진철과 함께 거의 10년간 매주 한 시간 모여서 공부하였다. 여러 자료들을 공부하면서, 나름대로 이해된 것들을 책으로 내게 되었다.

　심우도는 불교에서 참선 수행을 하는 수행자들을 위해 자신의 수행 진행이 어느 정도인지 스스로 점검하는 데 도움이 되는 것으로 특히 곽암의 십우도가 가장 완성도가 높다고 여겨진다. 따라서 곽암의 십우도를 중점으로 공부하였다.

　곽암의 십우도는 꼭 불교의 참선 수행자가 아니라도 명상이나 자기 마음을 닦는 일반의 다른 수행자들에게도 적용될 수 있다.

　저자는 치매 예방에 대한 강의를 부탁받은 적이 있어서 곰곰이 치매 예방에 대해 생각해 본 적이 있다. 이때 공부하는 것만이 치매 예방에 가장 좋다는 생각이 들었다. 나이가 들어 늙어 갈수록 뇌세포는 어차피 파괴될 수밖에 없다. 그렇지만 하늘의 이치를 공부한다면, 그 자체가 총명해지는 효과가 있고, 하늘에 이치에 해당하는 뇌 회로는 마치 자주 다니는 길과 같이 황폐화가 되지 않을 것이고, 오히려 잘 이용하지 않는 쓸데없는 뇌세포만 파괴된다면, 그 사람은 나이가 들수록 더 현명하고 성숙한 인격을 보존할 수 있다고 생각한다.

'견성성불(見性成佛)'이라는 불교의 깨달음에 대한 글귀가 있다. 자기 본성인 불성을 깨달은 후에 부처를 이룬다는 말이다. 공자는 나이 70이 되어서 자기 본성을 완전히 회복한 후에 자기 본성대로 행하여도 규범에 어긋나지 않았다고 했다. 그러한 공자가 또한 말하기를, "학이시습지불역열호(學而時習之不亦說乎)"라고 하였으니, 공부하는 것이 원래 즐거운 일이었음을 깨닫게 한다. 그동안 억지로 공부하면서 공부에 대해 지겹고 싫은 느낌이 들었다. 그러니 맹자가 말한 욕심을 적게 가지고 공부하는 것은 즐거운 일이며 자신의 인격 성숙을 이루는 것이고, 최고의 정신건강을 이루는 일이며, 최선의 노후 대책이기도 하다.

이런 길 위에서 곽암의 십우도는 좋은 길잡이가 될 것으로 믿는다.

현암 심상효 씀

# 발 문 1

황당하고, 부끄러운 하나의 기억을 소환한다.

그것은 친구(저자)로부터 한 권의 소책자를 건네받은 일이다. 그 친구는 한 권의 얇은 소책자를 필자에게 건네며 하는 말이 "십우도라는 것이 있는데 이것은 선승이 수행(도 닦음)할수록 그 깨달음의 단계를 표현한 것이다. 그러므로 정신수양에 상당한 도움이 된다."라고 말하면서 십우도의 일독을 권했다. 당시에 동양사상과 정신치료의 측면에서 깊은 통찰을 하고 있었던 저자의 권유로 이 십우도를 한번 읽어 봐야겠다고 생각을 했으나 그냥 차일피일 미루어 왔는바, 어느 날 필자는 다니던 회사에서 인문 강의를 할 기회를 얻게 된다. 당시 다니던 회사는 한 달에 한 번씩 사내강사를 정하여 인문학 강의를 하는 커리큘럼을 운영하고 있었다. 이때 저자의 동양사상의 깊은 통찰에 영향받은 바 있어 동양사상에 대한 일면을 강의 주제로 삼기로 하고 강의를 이어 가는 중 느닷없이 저자가 준 십우도 생각이 나서 까마득히 잊어버린 불확실한 기억을 끄집어내어 친구 중에 동양사상과 정신치료 부분에서 상당한 통찰력을 가지고 있는 한 명 있음에, 그는 십우도에 관한 논문으로 호주 국제학회에서 발표를 한 바 있는데 내가 알기로 십우도라는 것이 세계적으로 송광사의 것이 유일한 것으로 안다고 하였다. 그 내용도 훌륭하여 수행함으로써 자기 면목이 무엇인가를 찾는 단계를 설명한 것이므로 한 번씩 일독한다면 정신건강과 사회생활 영위에 유익할 것이라고 설파하였다. 이는 그야말로 황당하고, 부끄러운 일임을 알게 된다. 이 강의가 있은 지 한참 지난 후 그 친구와의 얘기 도중 나의 옛날의 강의 사실과 강의 내용을 말한바, 그는 나의 불찰, 황당함, 그리고 무식함에 가가대소하면서 십우도는 웬만한 사찰에는 다 있으며, 소책자의 인용한 십우도 그림은 일본의 소장이라고 말하며 『십우도』한 권을 선물하였다. 이러한 황당무계하고 부끄러운 에피소드의 결과로 만난 것이 십우도였다.

  십우도를 처음 접한 나의 감상은 뭐가 뭔지 모르겠고, 그냥 멍하고 당혹스러운 것이었다. 이후 필자는 당연히 <십우도 또는 심우도>라고 제목 붙인 몇 권의 책을 섭렵하게 되는데, 그 소개와 해설이 천편일률적이어서 그들의 책은 적어도 필자의 궁금증을 채워주기는 뭔가 부족 하였다. 그리하여 필자는 동양사상과 정신치료에 관하여 지대한 통찰하고 있던 그 친구에게 십우도에 관한 책을 직접 써봄이 어떻겠냐고 권하고, 그로부터 저자는 선생으로 필자와 필자의 지인 친구인 낙월 고진철을 생도로서 십우도 학당을 개설하여 공부한바, 그 결과물이 저자의 『십우도十牛圖 감상』인 것이다.

이 책을 보면 저자는 대중에게 되도록 쉽게 그리고 거대한 깨우침이라는 것보다 인간으로 성숙해 가는 정신 치료적 측면을 강조하여 궁극적으로 성숙한 인간의 완성이라는 것에 초점을 맞추고 있으며 또한 문자의 흐름도 대중이 쉽게 이해될 수 있도록 한 번에 읽힐 수 있도록 하고 있다.

예컨대 <심우>에서 마음의 소리를 찾기 시작하면서, 그 소리를 듣고, 그 마음을 드러내고, 나의 노래로 나의 마음을 표현하고, 나중에는 본래의 마음으로 돌아오는 여정이다. 잘못된 사념으로 살아온 것에서 벗어난 것인가 하고 물으며 단단히 평상심으로 살아감이 그 도착임을 말한다.

이렇듯 깨달음이 어쩌고저쩌고하는 표준 없이 그저 인간이 성숙해 감과 그 끝이 평상심을 담담히 얘기하며, 칭송받으려는 마음도 벗으라고 말하고 있는 것이다.

이러하여 필자 역시 이 책을 한 호흡에 읽고 말았다.

'칭찬받은 일도 없는 깨달음이여….'

문득 이런 생각이 든다.

무릇 많은 <십우도>의 저자가 십우도는 자기 면목(필자는 공이니, 불성이니, 하는 말보다 본래면목이라는 것이 좋다)을 보는 과정이라고 말하고 있음이다. 저자도 그렇게 결론 내고 있듯이 본래의 자기 면목 이것은 완전히 이 세상과 동화된 그리하여 차별이 없다는, 세계를 초월한 그러한 <나>가 아닐까 하는 생각이 든다.

그럼으로써 부처는 자비심 그 자체요,

예수는 사랑 그 자체이며,

공자는 인(仁)함 그 자체가 아닌지….

이것이 필자가 이 책을 읽은 감상인데 여전히 뭐가 뭔지 모르는 이것, 업인가 무명인가?

필자는 저자에게 이와 같은 감상을 선사한 은혜에 감사드린다.

강남 심우도장에서
낙강 홍영호 씀

# 발문 2

저자로부터 공부를 빙자한 가르침을 내릴 때 그때 난 깜깜이었다.

그리고 없음의 깨달음(無)을 추구하는 그 무엇이 있다는 것에 놀랐다.

이제는 한 걸음 더 내디뎌 볼 수 있게 되었다.

빅뱅이라는 것이 있다.

우주의 이 세상의 시작을 말한다고 한다.

그 빅뱅의 진원은 무인가 공인가?

그 누구도 모른다.

그냥 그런 거다 그냥 無이며 空인 거다.

그런데 여기에 만물이 生하고 存한다.

다시 깜깜이가 되었다.

또 한걸음 내딛게 되었다

깜깜이 속에서 다시 빛을 본다.

이것이 저자가 나에게 이 책으로 준 즐거움….

이런 즐거움을 준 저자에게 감사하지 않을 수 없다

이제는 한 걸음 더 내디뎌 볼 수 있게 되었다.

빅뱅,

그 빅뱅의 진원은 無인가 空인가? 그 누구도 모른다.

그냥 그런 거다 그냥 무이며 공인 거다

만져지거나 생각되는 것이 아니다.

그런데 여기에 만물이 生하고 存한다고 한다.

이것이 저자가 나에게 이 책으로 준 즐거움이다.

이런 즐거움을 준 저자에 감사하지 않을 수 없다

이러하여 강호제현께 일독을 권한다.


강변 낙월헌에서

낙월 고진철 씀

# 차례

# I. 십우도 소개

이 부분은 2001년 한국정신치료학회지 제15권 제1호에 실린

이정국, 심상호, 안병탁이 쓴

「곽암 십우도에서 소의 정신치료적 의미에 대한 소고」에서 발췌하였다.

# 십우도란 무엇인가?

여기서 말하는 십우도는 곽암의 십우도를 말하며, 곽암은 중국의 북송 12세기 후반 사람이며 선불교의 임제종에 속하는 스님이다. 따라서 그의 십우도는 임제종의 간화선을 반영한다. 십우도는 선·수행의 안내서와 같은 역할을 하는 것으로서, 수행자가 체험하며 깨달은 과정을 목동과 소를 소재로 한, 10단계로 표현한, 그림과 여기에 서와 게송을 첨부한 것으로 되어있다. 곽암의 십우도는 임제종의 전성기에 자연스럽게 생겨난 가장 발전된 것으로 평가받고 있으며, 그 이전에도 청거의 12도, 모명의 목우도, 등 수많은 유사한 작품들이 많다.

## 소가 의미하는 것은 무엇인가?

목동이 수행자, 또는 수행자의 의식적인 "나"를 나타낸다는 것은 쉽게 알 수 있다. 그렇지만, 수행자가 찾아 나서고 발견하여 길들이는 그 소는 무엇인가? 물론, 그것은 수행자의 마음이다. 그러나 여기서 그 '마음'이란 정확히 무얼 의미하는가?

곽암 십우도에 대해 해설해온 현대 불교학자들은, 거의 예외 없이 소를 불성(佛性, 이는 진정한 자기, 자신의 본성, 본래의 자기, 부모미생전의 본래면목 등등의 다양한 말로 표현된다.)으로 설명해왔다. 또한, 선가에서는 흔히 '견성성불(見性成佛)'이라고 말한다. 그런데 소가 곧 불성이라면, 소를 이미 발견한 목동은 왜 야생의 소를 길들이는 수고를 해야 하는가?

스피겔먼(Spiegelman)은 검은 소를 '신(神) 자신의 무의식적 동물적 본성'이라고 했다.

이동식은 소의 정신 치료적 의미를 '중심 역동 또는 핵심감정'이라고 해석하였다.

성엄(Sheng-yen)은 "번뇌의 마음은 깨달음의 마음과 따로 있지 않다…번뇌와 깨달음은 서로를 상호규정한다…하나가 없이는 다른 하나를 이해할 수 없으며, 지각하는 것은 더욱 불가능하다…수행자가 소를 볼 때, 그는 자신의 본성을 발견할 뿐 아니라, 또한 번뇌가 진정 무엇인지를 알게 된다."

삼조승찬(三祖僧璨)은 신심명(信心銘)에서 "단막증애(但莫憎愛) 통연명백(洞然明白)"이라 하였고, 우두선(牛頭禪)의 종의(宗意)에 따르면 "망정(忘情)"으로 수행을 삼는다고 하였다. 대주혜해(大珠慧海)는 "단무증애심(但無憎愛心)"이면 "자연해탈(自然

解脫)"이라 하였고, 대혜종고(大慧宗杲)는 서장(書狀)에서 "단진 범정(但盡凡情) 별무성해(別無聖解)"라 했다. 그리고 또한 곽암 십우도의 8도 서(序)에서도 "범정탈락(凡情脫落) 성의개공(聖意 皆空)"이라는 표현을 볼 수 있다.

이상에서 본 바와 같이, 선(禪) 수행이란 자신의 감정적 문제 를 해결하고 그로부터 벗어나는 것 이외의 다른 것이 아니라고 할 수 있으며, 이러한 견해가 선의 전통에 역행하는 것이 아님 을 알 수 있다.

한편, 감정을 다루는 것, 이것은 또한 서양의 정신분석적 정 신치료의 필수 불가결한 요소이다. 'Fine'은 그의 "A History of Psychoanalysis"에서 다음과 같이 썼다: "비록 정신분석은, 신경 증의 원인으로서 감정의 맺힘(strangulation)을, 그리고 치료로 서 그 감정의 풀어짐(liberation)을 강조하는, 감정의 이론으로 시작했지만, 정신분석이 본능 이론으로 넘어가면서 곧 감정에 대한 체계적인 논의는 사라졌다. 그만큼 우리는 모든 저자가 감 정에 대한 일관된 정신분석 이론이 없음을 개탄하는 것을 보게 된다." 그리고 보다 최근의 샌들러(Sandler)는 이렇게 말했다: "일차적 동기들은… 감정 상태의 변화들이다… 욕동, 욕구는… 감정의 변화를 통해서 영향을 미친다. 이러한 접근은 감정들을 본능적 욕동들에만 전적으로 묶여있게 한 그 개념적 끈을 벗어 나, 감정들이 정신분석적 심리학에 있어 중심적 위치를 차지할

수 있게 한다." 이동식(『한국인의 주체성과 도』, 1974, p.140)은
서양 정신치료의 골자를 다음과 같이 요약하였다: "서양의 정신
치료의 발전에서 정수를 뽑아 본다면, 사람의 정신이나 행동은
감정이 지배한다는 것, 감정이 처리되지 못해서 억압되면 여러
가지 정신적 신체적 장애를 일으키고 인격이 왜곡된다."

## 소의 검은색을 어떻게 이해할 것인가?

십우도 에서는 제3도에 이르기까지는 수행자에게 소가 보이지
않는다. 이것은 정신 치료적으로 말하자면 소가 자각되지 않고
무의식 상태에 있다는 의미이다. 그런데 제3도에서 이제 발견된
그 소는 검은 소이다. 그러면 그 검은 소의 의미는 무엇일까?

곽암 십우도의 소의 색깔에 관해서는 연구가 거의 없는데, 그
이유는 아마도 대부분 일본에서 발견되는 여러 판본 간에 소의
색깔에 일관성이 없기 때문일 것이다. 그러나 권영한(재미있는
우리 사찰의 벽화 이야기, 전원문화사 1995 서울)은 한국의 선
종 사찰 외벽에는 곽암 십우도가 많이 그려져 있다고 하면서 그
의 저서에서 네 벌의 십우도 사진을 보여 주는데 네 벌 모두 흑
우 혹은 황우에서 백우로 소의 색깔 변화를 나타내고 있다. 그
는 제4도 득우의 설명에서 " 이때의 소의 모습은 검은색으로 표
현하는데, 아직 三毒(삼독)에 물들어 있는 거친 본성을 지니고
있다는 뜻에서 검게 표현한다."라고 하고 제5도 목우의 설명에

서는 "이때 소는 길들어진 정도에 따라 차츰 검은색에서 흰색으로 바뀌고 있다"라고 한다. 여기서 우리는 검은 소에는 정화될 필요가 있는 부정적인 어떤 것이 있음을 알 수 있다.

Rogers와 Sanford(Client-Centered Psychotherapy, 1482-1501, in Comprehensive Textbook of Psychiatry, 5th ed, by Kaplan and Sadock, 1989, Williams and Wilkins)는 내담자 중심 정신치료의 치료과정을 다음과 같이 기술했다. "내담자는 조금씩 자신의 내부로부터 전달되는 것에 더 귀를 기울일 수 있게 된다. 차츰 그는 완전히 차단되어 알지 못하고 있던 자신의 내부 감정에 귀를 기울일 수 있게 된다. 그는 그 자신의 즉 그의 감정과 그의 행동의 좋지 않은 측면들을 드러낸다. 그리고, 서서히 그는 있는 그대로의 자신을 받아들이는 쪽으로 움직인다." 여기서 우리는 내담자가 먼저 그의 감춰진 부정적인 감정들을 느끼고 표현함을 알 수 있다. 이것은 십우도에서 소를 발견하고 길들이는 과정과 흡사하다.

이동식(한국인의 주체성과도 P161.1974年 일지사)은 "불가에서는 처음에 보는 소는 검은 소라고 한다. 수도를 하면 검은 소에 흰 점이 하나 생겨 흰 부분이 확대되고 나중에는 흰 소가 된다고 한다. 이것은 자기 파괴적인 감정이 없어지고 건설적인 사랑의 감정이 성장하는 것이라고 볼 수 있고 긍정적인 힘의 성장이다."라고 하고, 검은 소가 "로저스의 치료과정 기술에서 말하는 부정적 감정이고 정신분석에서 말하는 핵심적 역동, 현실적인 감정이다"라고 한다.

이상을 종합해 보면 검은 소는 무의식적인 부정적 파괴적인 감정 혹은 핵심감정이라고 할 수 있고 흰 소는 건설적인 사랑의 감정과 긍정적인 힘을 의미한다고 할 수 있겠다.

# Ⅱ. 주정주양산곽암화상십우도서
## 主鼎州梁山廓庵和尙十牛圖序

# 곽암의 십우도

주정주양산곽암화상십우도서

(主鼎州梁山廓庵和尚十牛圖序)[1]

『夫諸佛真源, 衆生本有。因迷也沈淪三界, 因悟也頓出
四生。所以有諸佛而可成, 有衆生而可作。是故先賢悲憫,
廣設多途, 理出偏圓, 教興頓漸, 從麁及細, 自淺至深, 末後
目瞬青蓮, 引得頭陀微笑。正法眼藏, 自此流通, 天上人間,
此方他界, 得其理也超宗越格, 如鳥道而無蹤;得其事也
滯句迷言, 若靈龜而曳尾。間有清居禪師, 觀衆生之根器,
應病施方, 作牧牛以爲圖, 隨機設教。初從漸白, 顯力量之未
充;次至純真, 表根機之漸照;乃至人牛不見, 故標心法
雙亡。其理也已盡根源, 其法也尚存莎笠, 遂使淺根疑悞,
中下紛紜, 或疑之落空亡也, 或喚作墮常見。今觀則公禪

---

1) 佛光山宗務委員會印行의 佛光大藏經, 禪藏·宗論部, 禪關策進 外 十部에 수
록된 것 원본으로 삼았음.

師, 擬前賢之模範, 出自己之胸襟；十頌佳篇,交光相映。
初從失處, 終至還源；善應群幾, 如救饑渴。慈遠是以探尋
妙義, 採拾玄微, 如水母以尋飱, 依海蝦而爲目。初自尋牛,
終至入鄽。強起波瀾, 橫生頭角；尚無心而可覓, 何有牛
而可尋？洎至入鄽, 是何魔魅？況是祖祢不了, 殃及兒孫。
不揆荒唐, 試爲提唱。』


　무릇 모든 부처의 진원(眞源)2)은 중생도 본래 가지고 있는데,
미혹함으로 인하야 삼계(三界)3)에 잠기고, 깨달음으로 인하야
사생(四生)4)에서 단박 벗어난다. 따라서 모든 부처라는 게 있어
서 가히 이루어지고, 중생이라는 게 있어 가히 만들어진다. 그
러므로 선현들이 가엾게 여겨, 여러 가지 방도를 널리 설치하
여, 이(理)5)로는 편(偏)과 원(圓)을 나오게 하고6), 가르침으로는

---

2) 참된 근원
3) 중생이 생사유전(生死流轉) 하는 미망(迷忘)의 세계를 3단계로 나눈 것. 욕
　계(欲界)·색계(色界)·무색계(無色界)의 삼계를 말한다.
4) 모두 미혹(迷惑)의 세계에 존재한다. ① 태생(胎生, jarayu-ja):인간·야수 등
　과 같이 모태에서 태어난 것, ② 난생(卵生, anda-ja):새와 같이 알에서 태어
　난 것, ③ 습생(濕生, samsveda-ja):벌레·곤충과 같이 습한 곳에서 생긴 것,
　④ 화생(化生, upapadu-ja):천계나 지옥의 중생과 같이 무엇에도 의지하지
　않고 과거의 자신의 업력(業力)에 의하여 나타나는 것을 말한다.
　이러한 사생은 언제나 육도(六道:天·人間·阿修羅·畜生·餓鬼·地獄)에 차례로
　윤회하는 것으로 되어있다.
5) 1. 사(事)의 대칭. 평등, 차별의 두 문으로 나눌 때는 평등문에 소속. 경험적
　인식을 초월한 상항불역(常恒不易), 보편평등(普遍平等)의 진여를 말한다.
　이(理)는 불변과 수연의 두 가지 덕을 갖추고 있으니, 연에 따라 온갖 차별

돈(頓)⁷⁾과 점(漸)⁸⁾을 일으키고, 거친 데서부터 세밀한 데까지 미치고, 얕은 데서부터 깊은 곳으로 이르게 하였고, 끝에 가서는 부처님의 푸른 연꽃 같은 눈으로 가섭을 돌아보아서 가섭의 미소를 이끌어 내었다.⁹⁾ 정법안장(正法眼藏)¹⁰⁾이 이로부터 천상계와 인간계, 온 세상에 유통되었다. 이(理)를 얻으면 종지(宗旨)¹¹⁾와 격식을 초월하기를, 새가 날아가는 데 종적이 없는 것과 같고; 일(事)¹²⁾을 얻으면 언구에 걸리고 헤매는 것이, 마치 신

---

된 만법을 변화시키지만, 그 성(性)은 그대로 변하지 않는다. 이것은 범부의 상대적인 지식을 초월해 있기 때문에 언어와 문자로서 표현할 방도가 없다.

2. 도리를 가리키니, 모든 사물의 존재, 변화가 의거하는 법칙을 말한다.

6) 지의는 원교에 근거하는 지관법의 특징을 대소(大小), 반만(半滿), 편원(偏圓), 점돈(漸頓), 권실(權實)의 다섯 가지 기준을 통해 설명했다. 여기서는 그 특징을 대승지관법, 돈의 지관법, 진실의 지관법 세 가지로 정리했다. 이는 지의가 대소와 반만, 편원과 점돈은 동일한 외연을 갖는다고 설명했던 것에 따른다.

7) 돈교; 화의 사교의 하나. 단도직입적으로 불과(佛果)를 성취하고 깨달음에 이르는 교법이다.

8) 점교; 1.설법 내용으로 보아 오랫동안 수행하여 점차 깨달음에 이르는 교법(敎法). 또는 순서를 밟아서 점차 불과(佛果)에 이르는 교법.
2.화의 사교의 하나. 설법 형식으로 보아 간단한 가르침으로부터 깊은 내용으로 설법하여 나가는 교법이다.

9) 선문염송 제1권 5칙. 세존이 청연의 눈으로 가섭을 돌아보니 가섭이 미소를 지었다.

10) 이심전심으로 전하여지는 석가모니의 깨달음을 이르는 말. 진리를 볼 수 있는 지혜의 눈으로 깨달은 비밀의 법이라는 뜻이다.

11) 종문(宗門)의 교의(敎義)의 취지.

12) 현실 세계에서 벌어지는 일체의 현상. 이(理)에 상대되는 말.

령한 거북이 진흙땅에서 꼬리를 끄는 것과 같다. 요즈음 청거선사가, 중생의 근기[13]를 보고, 병에 따라 처방을 내리듯, 소를 치는 그림(牧牛圖)을 만들어서, 근기에 따른 가르침을 마련하였다. 처음에 점차 희어지는 모습(점백, 漸白)으로부터, 역량이 충분치 않음을 나타내었고; 다음에 완전히 희어짐(순진, 純真)에 이르러, 근기가 점점 성숙해지는 것을 표시하였고; 목자와 소가 보이지 않는 상태 인우불견(人牛不見)에까지 이르러서는, 심법쌍망(心法雙忘)[14]을 나타내었다. 이(理)는 이미 근원(根源)[15]을 다 했으나; 법(法)[16]은 도롱이와 삿갓이 여전히 남아 있다. 드디어 낮은 근기(淺根)로 하여금 의심하고 오해하게 하고, 중하 근기는 혼란스럽게 하여, 혹은 의심하여 공망(空妄)[17]에 빠지게

---

13) 교법(敎法)을 받을 수 있는 중생의 능력.

14) 쌍민(雙泯) ; 모두 놓아 버리고 일원상만 나타난다는 뜻. ≪목우십도송≫에 나오는 수행상의 열 번째 단계. 모든 것이 다 사라지고 놓인 상태에서 일원상만 나타나고 모든 사물 형상이 그대로 드러나는 심적 경지.

15) 사물이 비롯되는 근본이나 원인.

16) 불교에서 말하는 삼보(三寶)의 하나. 부처의 가르침이나 계율. 달마(達摩) · 담마(曇摩) · 담무(曇無) 등으로 음사(音寫)하는 불교의 중심개념.

17) 공망(空妄); 공(空)에 대한 잘못된 이해와 그에 집착하는 태도. ≪정산종사법어≫ 도운편 31장에서는 '불교의 진수는 공(空)인 바 그릇 들어가면 공망(空妄)에 떨어진다'라고 했다. 공(空)의 진리는 불교의 가르침 전체를 관통하고 있는 위대한 가르침이지만, 그것을 잘못 이해하면 허무주의나 단멸론(斷滅論)에 빠지게 되는 것을 경계하는 법문이다. 불교에서도 공에 대한 잘못된 이해를 경계하기 위해 공은 단멸론과 상주론의 극단을 떠난 중도(中道)의 진리임을 강조하고 있다.

부처라는 게 있어서 가히 이루어지고, 중생이라는 게 있
어 가히 만들어진다.

우리는 스스로 중생이라고 하면서, 자신이 부처임을 깨닫지
못하고 있다. 부처나 중생이나 본래 마음은 같다. '중생이다.'
'부처다.' 하는 분별심으로 인하여 같은 줄을 모른다. 안데르센
의 동화에 나오는 '미운 오리 새끼'에서 보듯이 자신이 백조이면
서 백조인 줄을 모르는 것과 같다.

그러므로 선현들이 가엾게 여겨, 여러 가지 방도를 널
리 설치하여, 이(理)로는 편(偏)과 원(圓)을 나오게 하고,
가르침으로는 돈(頓)과 점(漸)을 일으키고, 거친 데서부터
세밀한 데까지 미치고, 얕은 데서부터 깊은 곳으로 이르
게 하였고,

부처님은 자비심으로 중생들로 하여금 깨닫게 온갖 상황과
근기에 따라 갖가지 완전한 가르침을 마련하여 놓았다.

끝에 가서는 부처님의 푸른 연꽃 같은 눈으로 가섭을
돌아보아서 가섭의 미소를 이끌어 내었다. 정법안장(正
法眼藏)이 이로부터 천상계와 인간계, 온 세상에 유통되
었다.

부처님은 최후에 영취산에서 설법할 때 꽃을 대중에게 보이니 아무도 그 뜻을 몰라 침묵했는데 가섭존자만이 파안미소를 보여 이심전심으로 자신의 가르침을 가섭이 깨달았음을 알고 그의 가르침을 가섭존자에게 위촉하였다. 여기서는 다른 판본에 있는 '부처님이 청연의 눈으로 가섭을 돌아보아 가섭의 미소를 이끌어 내었다.'라는 설을 따른 것 같다. 이로부터 선종(禪宗)이 시작되었고, 그 가르침이 대대로 제자들에 의해 온 세상에 퍼지게 되었다.

**그 이(理)를 얻으면 종지(宗旨)와 격식을 초월하기를, 새가 날아가는 데 종적이 없는 것과 같고; 일(事)을 얻으면 언구에 걸리고 헤매는 것이, 마치 신령한 거북이 진흙 땅에서 꼬리를 끄는 것과 같다.**

진리 자체는 눈에 보이는 것도 아니고, 어떤 이념이나 이론도 아니고, 언구로 표현될 수 없다. 세상일을 할 때는 세상의 법도에 따르고 언구를 이용하여야 한다. 세상의 온갖 것들과 섞기여 진흙땅에 뒹굴어야 한다.

**요즈음 청거선사가, 중생의 근기를 보고, 병에 따라 처방을 내리듯, 소를 치는 그림(牧牛圖)을 만들어서, 근기에 따른 가르침을 마련하였다.**

청거선사의 목우도는 12개의 그림 중에 2개만 현존하는 것으로 알려져 있다. 보명의 목우도와 유사한 것으로 추정되며 수행의 과정을 잘 묘사하였다고 본다.

처음에 점차 희어지는 모습(점백, 漸白)으로부터, 역량이 충분치 않음을 나타내었고; 다음에 완전히 희어짐(순진, 純真)에 이르러, 근기가 점점 성숙해지는 것을 표시하였고; 목자와 소가 보이지 않는 상태(인우불견, 人牛不見)에 까지 이르러서는, 심법쌍망(心法雙忘)을 나타내었다.

보명의 목우도를 참고로 하여 보면 처음에 콧등에 한 점이 희어지기 시작하여(점백), 점차 퍼져 나중에는 꼬리까지 전신이 하얗게 되고(순진), 나중에는 목동과 소가 모두 잊히게 되는(인우불견) 과정을 단계적으로 그렸다. 이것은 수행이 진행됨에 따라 성숙하여서 자기실현을 이루고 나중에는 자기마저 초월하는 경지까지 가는 과정을 그렸다고 본다.

그 이(理)는 이미 근원(根源)을 다 했으나; 그 법(法)은 도롱이와 삿갓이 여전히 남아 있다. 드디어 낮은 근기(淺根)로 하여금 의심하고 오해하게 하고, 중하 근기는 혼란스럽게 하여, 혹은 의심하여 공망(空妄)에 빠지게 하고, 혹은 상견(常見)에 떨어지게 한다.

소도 사람도 보이지 않는 단계는 이치적으로 완전한 상태를 표현했다. 그러나 가르침에 있어서는 낮은 근기의 사람들에게는 의심과 오해, 그리고 혼란스럽게 하는 것이 있다. 모든 것은 공하여 허망하게 남는 것이 없다는 단견이나, 무엇인가 변치 않는 것이 항상 영원히 존재한다는 상견을 가지게 한다.

**지금 칙공선사를 보건대, 이전 선사들의 모범을 모방하고, 자기의 흉금을 드러내어; 열 개의 아름다운 시문은, 서로 어울려 빛을 비춘다.**

칙공선사는 곽암선사로 그의 십우도는 청거와 보명 등 당시의 목우도 들에서 좋은 점은 살리고 자신의 견지를 10단계 소를 찾는 그림을 그리고 아름다운 시로 묘사했다. 현재까지 가장 널리 알려지고 선호되는 십우도로서 가히 그 완벽함을 알 수 있다. 곽암의 십우도에는 일원상 뒤에 반본환원과 입전수수를 더 그려서 배우는 사람들에게 더 분명한 불보살의 모습을 묘사했다. 자기만 깨닫는 것에 그치는 것이 아니라 모든 중생도 깨치게 하는 것이 진정한 부처임을 나타낸다.

**처음에 소를 잃어버린 실처(失處)에서부터, 마지막에 환원(還源)에 이르기까지; 모든 근기에 잘 응하기를, 마치 굶주림과 목마름을 구제하는 것 같다.**

곽암의 십우도는, 보명의 목우도와는 다르게, 처음에는 잃어버린 소를 찾는 데서부터 시작하여서 길들이고 본래 자리로 돌아오는 과정을 그렸다. 이것은 수행자들에게 하나의 가이드로서 수행의 정도에 따라 자신이 어느 과정에 처해있는지 올바르게 볼 수 있게 하여 준다.

**자원(慈遠)은 이것으로서 묘의(妙義)를 탐구하여 찾고, 현미(玄微)를 캐어 모았는데, 이는 마치 해파리가 새우를 눈으로 삼아 먹이를 찾는 듯하였다.**

자원은 십우도에서 총서(總序)와 서(序)를 쓴 사람으로 곽암의 제자인 듯하다. 곽암의 십우도와 송을 보고 수행과정의 오묘한 뜻을 찾아서 심오하고 정밀함을 표현했다.

**처음 심우(尋牛)로부터, 마지막에 입전(入鄽)에 이르렀다.**

곽암의 십우도는 1. 심우(尋牛), 2. 견적(見跡), 3. 견우(見牛), 4. 득우(得牛), 5. 목우(牧牛), 6. 기우귀가(騎牛歸家), 7. 망우존인(忘牛存人), 8. 인우구망(人牛俱妄), 9. 반본환원(反本還源), 10. 입전수수(入鄽垂手)로 구성되었다.

억지로 파란을 일으키고, 느닷없이 머리 뿔을 만들었다.

곽암의 도(圖)와 송(頌)에 공연히 쓸데없이 서(序)를 붙였는지 모르겠다.

또한, 찾아질 수 있는 마음이라는 게 없는데, 어찌 찾을 수 있는 소가 있겠는가?

본래 마음은 처음부터 잃어버리지도 않았는데 잃어버렸다고 생각하고 찾아 나선 것이다.

하물며 입전에 이르러서는 이 무슨 도깨비인가?

입전수수에서 도인은 멋있고, 화려하고, 위엄 있고, 가진 것이 있는, 세속적으로 훌륭한 모습이 아니다. 오히려 바보 같은 모습이다. 일반의 예상을 뒤엎는다. 도인은 자신 스스로 깨달았다는 것도 의식하지 않는다. 실은 깨달았다는 자체도 없는 것이다.

조상이 제 할 일을 하지 않으면 자손에게 재앙이 미치는 데서야! 황당함을 살피지 않고, 시험 삼아 제창(提唱)한다.

# 해설

　십우도는 곽암선사가 깨달음의 과정을 소를 기르는 것에 비유하여 10개의 그림을 그리고 거기에 송(頌)을 붙인 것이다. 여기에 자원선사가 총서와 소서(小序)를 붙였고, 후대에 석고이화상과 괴납련화상의 화(和)와 우(又)를 붙인 것을 합하여 현재까지 유통되어 내려왔다. 이것은 불도를 수행하는 수행자들에게 자신이 어느 정도 진전을 이루었는지 하나의 안내서와 같은 역할을 한다. 자신의 수행 정도가 어느 정도인지 정확히 알아야 하며, 깨달은 정도에 대해 착각하지 않을 수 있고, 내가 뭘 더해야 하는지 스스로 점검할 수 있게 길 찾는데 필요한 지도와 같은 역할을 해준다.

　무릇 모든 부처의 진원(眞源)은 중생도 본래 가지고 있는데, 미혹함으로 인하야 삼계(三界)에 잠기고, 깨달음으로 인하야 사생(四生)에서 단박 벗어난다. 따라서 모든 하고, 혹은 상견(常見)[18]에 떨어지게 한다. 지금 칙공선사[19]를 보건대, 이전 선사들의 모범을 모방하고, 자기의 흉금을 드러내어; 열 개의 아름다운 시문은, 서로 어울려 빛을 비춘다. 처음에 소를 잃어버린 실처(失處)에서부터, 마지막에 환원(還源)[20]에 이르기까지; 모든 근기에 잘 응하기를, 마치 굶주림과 목마름을 구제하는 것 같다. 자원(慈遠)[21]은 이것으로써 묘의(妙義)[22]를 탐구하여 찾고, 현미(玄微)[23]를 캐어 모았는데, 이는 마치 해파리가 새우를 눈으로 삼아 먹이를 찾는 듯하였다. 처음 심우(尋牛)[24]로 부터, 마지막에 입전(入廛)[25]에 이르렀다. 억지로 파란을 일으키고, 느닷없이 머리 뿔을 만들었다. 또한, 찾아질 수 있는 마음이라는 게 없는데, 어찌 찾을 수 있는 소가 있겠는가? 하물며 입전에 이르러서는 이 무슨 도깨비인가? 조상이 제 할 일을 하지 않으면 자손에게 재앙이 미치는 데서야! 황당함을 살피지 않고, 시험 삼아 제창(提唱)[26]한다.

---

18) 칠견(七見)의 하나. 세계나 모든 존재, 인간의 자아가 실제로 영원히 존재한다고 고집하는 그릇된 견해를 이른다.
19) 십우도송을 지은 곽암선사를 말함.
20) 잃어버린 자리에서부터 본래로 돌아온 자리.
21) 십우도 서(序)의 저자.
22) 오묘한 의리(義理)
23) 오묘하고 미세한 이치
24) 십우도 제1도를 말함.
25) 십우도 제10도를 말함.
26) 선원에서, 종지의 큰 줄기를 들어서 그 뜻을 풀이함.

곽암선사가 잘 마련해 놓은 것을 황당하게 하였는지 염려가
되지만, 도움이 되길 바란다.

## 해설

본래 마음은 어디 갔는지 자취도 없다. 세상살이에 깊이 빠져 있음이다. 자기의 본래 마음을 회복하려 하지만, 단지 지금 여기에서 자각하기만 하면 되는데 찾으려고 애만 쓰고 있다.

## 감상

본래 마음은 보이지도 않는다. 세상의 일에 깊이 빠져 있고 조급하게 벗어나려 한다. '진리는 바로 너의 눈앞에서 너를 응시하고 있다.'라는 말처럼, 나는 눈만 뜨면 되는데 눈을 감고 있다. '조고각하(照顧脚下)' 하면 되는데 못 보는 것이 안타까운가?

## 감상

남과 환경에서만 원인을 찾으려 하니 찾지 못한다. '일체유심조(一切唯心造)'라고, 모든 것이 내 마음이 만들어낸 것이다. 외부나 내부의 유혹으로 나를 잃고 외부 탓만 하게 된다. '흙탕물 속에서 피는 연꽃'처럼, 세상에 휘둘리는 그러함 속에서 문득 나의 노래로 나의 마음을 표현하고 있음을 보는가?


<又(우)> 壞衲璉和尚(괴납련화상)


**本無蹤跡是誰尋(본무종적시수심)?**
본래 자취 없거늘 누가 이것을 찾는가?

**誤入烟蘿深處深(오입연라심처심),**
등넝쿨 우거진 깊은 곳에 잘못 들어왔고,

**手把鼻頭同歸客(수파비두동귀객),**
소 고삐잡고 끌고 가야 하는 나그네,

**水邊林下自沈吟(수변임하자침음).**
물가 수풀 아래서 끙끙댄다.

매미 소리는 무엇인가? 지금 여기에서 이 소리를 듣고 있는 나의 자성은 무엇인가?

<和화> 石鼓夷和尚(석고이화상)

只管區區向外尋(지관구구향외심),
오로지 구구하게 밖을 향해 찾으니,

不知腳底已泥深(부지각저이니심),
발밑이 이미 진흙 깊이 빠진 것을 알지 못하고,

幾迴芳草斜陽裏(기회방초사양리),
몇 번이나 방초 우거진 석양 속에서,

一曲新豊空自吟(일곡신풍공자음).
한 곡조 노랫가락 부질없이 부른다.

## 해설

자기 마음을 들여다보지 않고 외적으로만 해결점을 찾으려 한다. 세상 현실에 빠져서 그 유혹을 이기지 못하고 자기 상실 속에서, 바로 이 순간 여기에서 그러한 자기 마음을 드러낸다.

<송>

忙忙撥草去追尋(망망발초거추심),
분주하게 펼쳐진 수풀을 헤치고 소 찾아 나서니,

水闊山遙路更深(수활산요로갱심),
물 넓고 산 멀고 길은 더욱 깊고,

力盡神疲無處覓(역진신피무처멱),
힘 빠지고 피로하고 소 찾을 길은 없는데,

但聞楓樹晚蟬吟(단문풍수만선음).
오로지 단풍나무에서 늦은 저녁 매미 울음만이 들린다.

## 해설

열심히 진리를 찾아 공부하나 학문은 끝이 없고 어렵기만 하
다. 지칠 대로 지쳐 거의 포기하는 마음으로 있는데, 지금 여기
에서 어떤 소리가 들린다.

## 감상

개념과 분별심에 빠져 실체를 보지 못한다. '궁즉통(窮則通)'
이라고 꽉 막힌 곳이 바로 통하는 길이라고 한다. 지금 들리는

# Ⅲ. 십우도의 그림과 소서, 송, 화, 우
## 小序, 頌, 和, 又

곽암선사(廓庵禪師) : 오조법연(五祖法演) → 대수원정(大隋元靜) → 양산
　　　　　　　　　사원(梁山師遠, 곽암)

자원선사(慈遠禪師) : 미상

석고이(石鼓夷)화상 : 원오(圓悟)선사의 4세 손으로 휘는 희이希夷이다.

괴납련(壞衲璉)화상 : 오조(五祖) → 대수(大隋) → 석두(石頭) → 운거봉
　　　　　　　　　암회(雲居蓬庵會) →괴납대련(壞衲大璉)의 법계.

심우(尋牛)

# 2. 소의 자취를 발견하다(견적, 見跡)

\<서\>

**依經解義, 閱教知蹤**(의경해의, 열교지종).

경전에 의거하여 뜻을 이해하고, 가르침을 조사해서 발자취를
안다.

**明衆器爲一金, 體萬物爲自己**(명중기위일금, 체만물위자기).

'명중기위일금'이고, '체만물위자기'로다.

**正邪不辨, 眞僞奚分**(정사불변, 진위해분)?

바르고 삿됨을 구분 못하고, 어찌 참과 거짓을 분별할 수 있겠
는가?

**未入斯門, 權爲見跡**(미입사문, 권위견적).

이 문에 들어서지 못하였으므로, 임의로 발자국을 보았다 하자.

### 해설

가르침을 다 이해한다. 어느 것이 진짜인지 알 수 있게 되었다. 그러나 아직 실체 자체를 본 것은 아니다.

### 감상

학문적으로 최고의 순간이다. 이론적으로 이해를 한다. 그렇지만 증득證得한 것은 아니다.

### 감상 2

이치적으로 깨달았다. 그러나 습기(習氣)가 남아 있다. 나의 몸으로 이 깨달음을 훈습(薰習)한다면 이 문에 들어선다고 할 수 있을 것이다.

### <송>

水邊林下跡偏多(수변임하적편다),
물가 산기슭에 발자국 많이 모여 있고,

芳草離披見也麼(방초리피견야마)?
향기로운 풀과 활짝 핀 꽃들을 그대는 보는가?

縱是深山更深處(종시심산갱심처),
설사 깊고 깊은 산이라도,

遼天鼻孔怎藏他(요천비공즘장타)?
우뚝 솟은 소 어찌 숨길 수 있겠는가?

## 해설

이치적으로는 알고 있으며, 조만간 실체를 보게 될 가능성이 있다.

## 감상

진리란 바로 눈앞에 있다. 세상의 유혹에 빠진 나에게서, 지금 여기에서 바로 나의 자성이 작용함을 보는가?

## 감상2

지금까지 살아오면서 몸에 밴 습관들을 통찰하였는가?

<和(화)>

枯木巖前差路多(고목암전차로다),
고목나무 바위 앞 어긋나는 길 많고,

草窠裏輥覺非麽(초과리곤각비마)?
풀 구덩이 속에 걸려 넘어지면서 깨닫지 못했는가?

脚跟若也隨他去(각근약야수타거),
만약에 발자국만 쫓아서 따라간다면,

未免當頭蹉過他(미면당두차과타).
당장 마주쳐도 그것을 지나쳐 버림을 면치 못하리.

## 해설

알음알이에만 빠져 있으면 눈앞에 있어도 실체를 깨닫지 못할 것이다.

## 감상

세상의 유혹에 빠져 있는 바로 그곳에서 나의 자성이 더 활발히 작용함을 깨닫지 못했는가? 지금 이 순간 세상의 유혹에 빠져있는 나를 자각하기만 한다면 실체를 볼 것이다.

## 감상2

이치적으로 깨달았다. 그러나 오래된 습관으로 깨달음을 몸으로 증득하지 못하고 있다. 이치적으로만 추구해 간다면 나의 몸을 통한 깨달음을 얻지 못할 것이다.

## <又(우)>

見牛人少覓牛多(견우인소멱우다),
소를 본 사람은 적고 소를 찾는 사람은 많은데,

山北山南見也麼(산북산남견야마)?
산의 북쪽과 산의 남쪽을 보았느냐?

明暗一條來去路(명암일조래거로),
밝음과 어둠이 하나로 오가는 길에,

箇中認取別無他(개중인취별무타).
그 속에서 알아차려야지 달리 다른 곳에는 없다네.

## 해설

밝고 어둠의 분별심에 빠져 아무리 찾아도 못 찾을 것이다. 유혹되고 번뇌 망상하는 그 가운데 그것이 바로 참된 나인 것이다. 진정한 나를 찾음에 지식으로는 알지만 실체는 보지 못한다. 진리는 눈앞에 우뚝 서 있지만 못 보는 것이다. 유혹되고 번뇌 망상하는 그 가운데 그것이 바로 참된 나인 것이다.

## 감상

하늘로부터 받은 본래의 마음은 순수하고 깨끗한 마음이지만, 이 세상에서 그러한 순수하고 깨끗한 곳에서 찾으려 한다면 찾을 수 없다. 세상에 물든 더럽고 추하다고 생각되는 그곳이 나의 마음이며 여기에서 오히려 찾아야 한다.

## 감상2

더러운 진흙탕 같은 세상 속에서 함께 뒹굴면서 나를 보고 극복해 나가야 한다.

견우(見牛)

# 3. 소를 보다(견우, 見牛)

<서>

從聲得入, 見處逢原(종성득입, 견처봉원).
소리를 듣고 깨달음을 얻고, 보는 곳마다 근원을 만난다.

六根門 著著無差, 動用中 頭頭顯露
(육근문 저저무차, 동용중 두두현로).
보고 듣고 냄새 맡고 맛보고 감촉하고 의식하는 것 하나도 어
그러짐이 없고, 작용 속에 낱낱이 드러난다.

水中鹽味, 色裏膠青(수중염미, 색리교청),
물속의 소금 맛이요, 색깔 속 아교의 푸름이니,

眨上眉毛, 非是他物(잡상미모, 비시타물).
눈썹 치켜뜨고 보니, 다른 물건 아니로다.

### 해설

감각을 통해 나의 자성을 깨닫는다. 모든 것이 나의 자성의 작용임을 깨닫는다. 그대로 보니 바로 보인다.

### 감상

세상의 유혹에 휘둘리지 않고 나의 마음이 맑은 상태에서 보니 비로소 제대로 보이고 들린다. 이 모든 것이 하늘의 이치대로 나의 마음과 감각이 작용하는 것이다.

### 감상2

눈을 뜨니 바로 앞에 진리가 보인다. 지금 이 순간 나로서 깨어 있어서 보고 듣고 냄새 맡고 맛보고 느끼고 인식하는 작용이 일어난다.

<송>

**黃鸝枝上一聲聲(황앵지상일성성),**
**꾀꼬리가 나뭇가지 위에서 지저귀고,**

日暖風和岸柳靑(일난풍화안유청),
햇볕은 따사하고 바람은 온화한데 물가 언덕의 버들은 푸르고,

只此更無回避處(지차갱무회피처),
오직 이곳 더 이상 피할 곳이 없는데,

森森頭角畵難成(삼삼두각화난성).
삼삼한 쇠뿔 그릴 수가 없다.

## 해설

들고 보는 가운데 자성이 그대로 하는 것으로 지금 여기 이 순간 부딪치는 곳에서, 모습이 삼삼하지만 설명할 수가 없다.

## 감상

외적 내적 유혹에 빠지지 않고 사물을 착각 없이 있는 그대로 보고 듣는데 말로 설명할 수가 없다.

## 감상2

나의 자성을 깨달으니 따뜻한 느낌이다. 나의 본래 마음인 자비심이다. 느껴 봐야 하는 것이지 말이나 글로 표현되는 것이 아니다.

&lt;和(화)&gt;

識得形容認得聲(식득형용인득성),
모습을 알아차리고 소리를 알아차리어,

戴嵩從此妙丹靑(대숭종차묘단청),
대숭이 이로부터 묘한 그림을 그렸고,

徹頭徹尾渾相似(철두철미혼상사),
머리끝부터 발끝까지 거의 비슷하지만,

子細看來未十成(자세간래미십성).
자세히 살펴보면 완전하지 않다.

## 해설

들고 봄으로서 자성을 깨닫지만 아무리 보아도 온전한 모습
은 아니고 설명도 완전하지 않다.

## 감상

지금 여기 보고 듣는 것에서 있는 그대로 실체를 왜곡 없이
감각한다. 그것을 아무리 잘 언어로 설명한다 해도 완전할 수
없다.

## 감상2

뭔가 보긴 봤는데 확실하지가 않다. 번갯불에 의지해 잠깐 본 것과 같다.

## <又(우)>

驀地相逢見面呈(맥지상봉견면정),
문득 서로 만나 얼굴을 드러내니,

此牛非白亦非靑(차우비백역비청),
이 소는 희지도 않고 푸르지도 않고,

點頭自許微微笑(점두자허미미소),
스스로 머리를 끄덕이며 긍정하고 미소 짓는데,

一段風光畫不成(일단풍광화불성).
이러한 한 토막 풍광 그릴 수가 없다.

## 해설

보고 듣고 지각하면서 실체를 처음 깨달았다. 보긴 보았지만, 완전히 본 것은 아니다. 언어나 문자로도 표현할 수 없다.

## 감상

본래의 자성의 실체를 보았다. 언어로 증명할 수가 없다.

## 감상 2

나의 자성을 보았으나 일시적이고 온전히 본 것은 아니다. 그러나 실체를 보긴 본 것이다. 부분적으로 깨달았으며 잠시 깨달은 것뿐으로 마치 다 깨달은 사람처럼 행세하여서는 안 된다.

見牛

득우(得牛)

# 4. 소를 얻다(득우, 得牛)

<서>

久埋郊外, 今日逢渠(구매교외, 금일봉거).
오랫동안 교외에 숨어 있어서, 오늘에야 그를 만났다.

由境勝以難追, 戀芳叢而不已/(유경승이난추, 연방총이불이).
경치가 너무 좋아서 따라가기 어렵고, 만발한 꽃을 그리워함
을 그만두지 못한다.

頑心尚勇, 野性猶存(완심상용, 야성유존).
완고한 마음은 오히려 강하고, 자유분방한 성질도 그대로 남
아있다.

欲得純和, 必加鞭楚(욕득순화, 필가편초).
순화를 얻으려면, 반드시 채찍을 가해야 하리.

## 해설

온갖 노력을 하여 드디어 나의 마음을 붙잡았다. 나의 마음은 여전히 외적 내적 유혹에 빠져 있음을 본다. 고질적인 습관이 되어있다. 이러한 나의 마음을 건강하게 하려 한다면 지속적으로 깨달아야 한다.

## 감상

나의 마음을 드디어 만나게 되었다. 이 마음은 지속적으로 지켜보고 자작하고 있기란 쉽지 않다. 대상에 빠지고 나의 욕구에 빠져 자각하는 나의 마음이 휘둘리지 않고 주관하면서 있기 어렵다. 과거의 습기가 있기 때문이다. 습기가 반복될 때마다 수없이 반복하여 깨달아야 습기가 제거될 수 있을 것이다.

### \<송\>

**竭盡神通獲得渠(갈진신통획득거),**
**초인간적인 능력을 다하여 이놈을 잡았으나,**

**心强力壯卒難除(심강력장졸난제),**
**마음이 순종치 않고 그 힘이 세서 끝내 다스리기 어렵고,**

有時纔到高原上(유시재도고원상),
어느 땐 잠깐 고원 위에 올랐다가도,

又入煙雲深處居(우입연운심처거).
또 뭉게뭉게 연기 깊은 곳에 들어가 머문다.

## 해설

힘들지만 직면하여 나의 마음을 붙잡게 되었다. 이 마음은 본심을 잃고 제멋대로이다. 어느 때에는 본심으로 돌아왔다가도 어느 때에는 본심을 잃는다.

## 감상

나의 부정적인 마음을 스스로 인정하기는 쉽지 않다. 자존감이 무너지는 순간을 받아들이고 이겨내야 한다. 어느 순간 받아들이고 난 후 편안해 졌지만, 어느 순간 또 방어하는 마음으로 가득 차 있게 된다.

＜和(화)＞

牢把繩頭莫放渠(뇌파승두막방거),
고삐를 꽉 잡고 그놈을 놓치지 않고 있지만,

幾多毛病未曾除(기다모병미증제),
허다한 나쁜 버릇을 아직 없애지 못하였고,

徐徐驀鼻牽將去(서서맥비견장거),
천천히 코뚜레를 꿰어 끌고 가더라도,

且要迴頭識舊居차요회두식구거.
또 머리를 돌려 예전에 있던 곳 찾는다.

## 해설

나의 마음을 계속 지켜보고 있지만, 건강하지 않은 습관은 여전히 남아 있다. 나의 마음을 수렴하여 나아가더라도, 이 마음은 계속 유혹을 받으며 휘둘린다.

## 감상

나의 마음을 반복하여 깨닫고 있지만, 나의 일상생활에서 실천되기에는 과거의 습기가 여전히 남아 있다. 착실하게 깨달아 나아가더라도 나의 욕심이 통제되는 것이 아니다.

<又(우)>

芳草連天捉得渠(방초연천착득거),
방초가 하늘까지 잇닿은 곳에서 그를 잡았지만,

鼻頭繩索未全除(비두승색미전제),
코를 꿴 고삐가 완전히 없어지지 않았고,

分明照見歸家路(분명조견귀가로),
집으로 돌아가는 길에서 분명하게 비추어 보니,

綠水青山暫寄居(녹수청산잠기거).
녹수청산에 잠시 머물렀구나.

## 해설

번뇌 망상 속에서 나의 마음을 붙잡게 되었지만, 이 마음은
계속 깨달아 붙잡아야 한다. 본심을 회복하는 과정에서 보니,
세상일에 너무 빠져서 나의 중심을 잃었었다.

## 감상

세상의 유혹에 이끌려 갈구하며 애쓰는 것이 바로 나의 마음임을 깨달았고 깨달음을 지속하려 한다. 이러한 입장에서 보니 과거의 나의 삶이 부질없는 애씀이었다.

목우(牧牛)

# 5. 소를 기르다(목우, 牧牛)

<서>

前思纔起, 後念相隨(전사재기, 후념상수).
앞생각이 잠시 일어나니, 뒷생각이 이에 따른다.

由覺故以成眞, 在迷故而爲妄(유각고이성진, 재미고이위망.)
깨달음으로서 진실을 이루고, 미혹함으로 거짓이 된다.

不唯由境有, 惟自心生(불유유경유, 유자생심).
경계가 있어 기인하는 것이 아니요, 오직 자기의 마음에서 일
어난다.

鼻索牢牽, 不容擬議(비삭뇌견, 불용의의).
고삐를 편안히 땅기고, 견주고 따지는 것(사량(思量), 분별) 더
이상 없다.

### 해설

나의 마음을 더 깊이 들여다본다. 깨달을 통하여 실체를 볼 수 있고 깨달음을 놓치면 망상 속에 있게 된다. 바깥 환경이 원인이 아니라 내 마음이 만들어내는 것을 깨닫는다. 일상에서 자연스럽게 분별심에 빠지지 않게 된다.

### 감상

잡념이 꼬리를 물고 일어난다. 이것을 자각하고 있는 것이 지금 이 순간의 진실이다. 자각하고 있지 않으면 허망한 것이다. 오직 이 마음이 스스로를 자각하느냐 마느냐에 달려있다. 자각하고 있는 마음을 계속 유지하면서 선(善)이니 악(惡)이니 하는 분별심을 가지지 않아야 한다.

### <송>

鞭索時時不離身(편삭시시불리신),
채찍과 고삐를 늘 몸에서 떼어 놓지 않고,

恐伊縱步入埃塵(공이종보입애진),
소가 마음대로 더러운 곳에 걸어 들어갈까 두려워하고,

相將牧得純和也(상장목득순화야),
잘 길들여서 온순함을 얻으면,

覊鎖無抑自逐人(기쇄무억자축인).
굴레를 씌워서 구속하지 않아도 저절로 사람을 따른다.

## 해설

본심이 많이 회복되었지만, 자기 극복하는 자기 마음을 지켜
보는 것을 여전히 하는 것은 건강하지 않은 습관에 다시 빠질
것이 염려해서이다. 나의 마음이 건강한 습관을 얻게 되면, 스
스로 주체적으로 건강한 삶을 살게 된다.

## 감상

깨달음과 이것을 지속하는 수행을 한다. 깨어있음을 항상 하
고 있어야 한다. 깨어 있음을 놓치면 다시 유혹에 빠지게 되기
쉽다. 오랫동안 깨어 있음이 몸에 배게 되면 인위적으로 노력하
지 않아도 깨어 있음을 유지할 수 있게 된다.

&lt;和화&gt;

共分山林寄此身(공분산림기차신),
산림과 함께하며 기꺼이 이 몸을 의탁하고,

有時亦踏馬蹄塵(유시역답마제진),
때로는 다시 말발굽 먼지 날리는 거리를 밟기도 하지만,

不曾犯者人苗稼(부증범자인묘가),
결코 남의 논밭을 범하지 않으니,

來往空勞背上人(래왕공로배상인).
오고 감에 등에 탄 사람을 수고롭게 하는 일도 없다.

## 해설

본심을 회복하고 순수함을 지키면서 살면서, 세상일에서도
자기의 주체성을 잃지 않으면서 활동한다.

## 감상

고요함 속에서 편안히 깨어 있기도 하고, 일하는 가운데서도 깨어 있어서 맞게 반응을 한다. 이치에 맞게 반응하니 갈등이나 수고로움이 없이 생활한다.

## <又우>

牧來純熟自通身(목래순숙자통신),
길들여서 순숙함이 몸에 통하고,

雖在塵中不染塵(수재진중불염진),
티끌 속에 있더라도 티끌에 물들지 않고,

弄來卻得蹉跎力(롱래각득차타력),
실없이 지낸 것에 덧없음을 깨달으니

林下相逢笑殺人(임하상봉소살인).
수풀 아래서 마주치면 크게 웃는다.

## 해설

깨달음이 몸으로 체화되어서, 세상일에도 본심을 잃지 않는

다. 과거 자기 상실로 망상 속에서 살았음을 깨달으니, 지금 깨
달음 속에서 자유로움을 느낀다.


### 감상

오랫동안 수행하여 습기가 빠지고 새로운 건강한 행동 반응
의 삶으로 살게 된다. 주위의 유

혹이나 위협에도 휘둘리지 않는다. 과거 주체성 없었던 삶이
허망하였음을 안다. 지금 내가 나를 보니 과거의 후회도 없고
한바탕 크게 웃는다.

기우귀가(騎牛歸家)

# 6. 소 타고 집에 돌아가다(기우귀가, 騎牛歸家)

<서>

干戈已罷, 得失還空(간과이파, 득실환공).
전쟁은 이미 끝났고, 얻었다 잃었다 하는 것도 없다.

唱樵子之村歌, 吹兒童之野曲(창초자지촌가, 취아동지야곡),
나무꾼의 시골 노래를 부르고, 어린아이의 순박한 곡을 피리
불고,

橫身牛上, 目視雲霄(신횡우상, 목시운소),
몸은 소를 타고 비스듬히 누워, 하늘을 바라보니,

呼喚不回, 撈籠不住(호환불회, 로롱부주).
불러도 돌아보지 않고, 잡아도 머물지 않는다.

## 해설

자기 극복을 이루었다. 내가 나를 극복했다. 모든 것이 나의 경영이며 나의 책임이며 남을 탓할 것이 없다. 나의 주체로서 순수한 본심을 회복하였다. 주체적이고 자유로움을 얻으니, 유혹해도 더는 본심을 잃지 않는다.

## 감상

마음속에서의 전쟁은 끝났다. 더는 힘들여 수행하지 않아도 될 정도이다. 마음이 자유롭고 걸리는 게 없고 순수하여 졌다. 마음이 편안하고 한가하여졌다. 더는 어떤 유혹도 마음을 흔들지 못한다.

## <송>

騎牛迤邐欲還家(기우이리욕환가),
소를 타고 유유자적하게 집으로 돌아가고,

羌笛聲聲送晚霞(강적성성송만하),
오랑캐 피리 소리가 저녁놀에 실려 가니.

一拍一歌無限意(일박일가무한의),
한 박자 한 곡조가 어떤 한정된 뜻이 없고,

知音何必鼓唇牙(지음하필고순아).
음악을 안다고 말할 필요도 없다.

## 해설

본심을 회복하고 본심으로 움직인다. 순수한 마음을 이루었
다. 분별심이 없는 순수한 마음을 따라 있는 그대로 실체로서의
삶을 산다.

## 감상

마음이 유유자적하다. 삶을 즐길 뿐이다. 삶을 안다고 떠들
필요가 있겠는가?

<和(화)>

指點前坡即是家(지점전파즉시가),
앞 언덕을 가리키니 바로 집이고,

旋吹桐角出煙霞(선취동각출연하),
오동잎 피리 흥겹게 불어 안개와 노을을 타고 흘러나오고,

忽然變作還鄉曲(홀연변작환향곡),
홀연히 곡조가 환향곡으로 바뀌니,

未必知音肯伯牙(미필지음긍백아).
소리를 아는 이 백아만이라고 할 필요가 없다.

## 해설

나의 본심을 회복하였다. 나의 주체적인 삶을 즐긴다. 있는
그대로 실체적으로 삶 자체를 즐긴다.

## 감상

나의 마음이 확실하게 되었다. 나의 본래 마음이 나의 인생의
주인이 되었다. 나의 삶을 내가 주체적으로 살게 되었다. 나의
삶을 즐기게 되었다. '일일시호일(日日是好日)'이다. 특별한 것
이 아니고 '평상심시도(平常心是道)'이다. 평상심이 나의 본래
마음이 되었다.

## <又(우)>

倒騎得得自歸家(도기득득자귀가),
거꾸로 소를 타고 의기양양 집으로 돌아가니,
翁笠簑衣帶晚霞(약립사의대만하),
삿갓과 도롱이는 저녁노을에 걸려있고,

步步淸風行處穩(보보청풍행처온),
걸음걸음 맑은 바람 가는 곳마다 평온하니,

不將寸草挂唇牙(부장촌초괘순아).
보잘 것 없다고 말하지 않는다.

## 해설

본래의 마음이 나를 이끌어 가니, 더는 수고할 것이 없다. 더
는 갈등이 없고 자유롭고 편안하니 세상 무엇보다도 부러울 것
이 없다.

## 감상

　본래 마음을 되찾았다. 더 이상 나를 찾는 일은 없다. 더는 유혹에 휘둘리지 않고 편안하다. 자존감을 회복하였다. '천상천하 유아독존(天上天下唯我獨尊)'이다.

Ⅲ. 십우도의 그림과 소서(小序), 송(頌), 화(和), 우(又)<6. 기우귀가(騎牛歸家)〉

망우존인(忘牛存人)

│ 십우도+牛圖 감상 **깨달음으로 가는 정신치료의 여정**

# 7. 소는 잊고 사람만 있다
## (망우존인, 忘牛存人)

<서>

法無二法, 牛目爲宗(법무이법, 우목위종).
법에는 두 가지 법이 없는데, 소라는 명칭으로 으뜸 가르침으로 삼았다.

喩蹄兎之異名, 顯筌魚之差別(유제토지이명, 현전어지차별).
올가미와 토끼의 이름이 다른 것과 같고, 통발과 물고기의 다름을 나타낸다.

如金出鑛, 似月離雲(여금출광, 사월이운).
황금이 광석에서 나온 것과 같고, 달이 구름을 여읜 것과 유사하다.

一道寒光, 威音劫外(일도한광, 위음겁외).
한 줄기 차가운 빛이요, 겁을 벗어난 위음이다.

## 해설

실체는 본래 하나인데, 이론이나 개념으로 일단 실체인 것으로 하였다. 이론이나 개념과 실체는 다른 것이다. 이론이나 개념을 벗어나니 실체를 본다. 처음부터 본래 있는 실체이다.

## 감상

'소를 찾으라'라는 것으로 일단 자기 마음을 들여다보기 시작하여 여기까지 왔다. 그런데 소를 찾고 잘 길들이고 나니 소가 없어졌다. 소란 토끼나 물고기를 잡기 위한 올가미나 통발일 뿐이라 한다. 원래 없는 것을 있는 것으로 하여 그동안 애쓰고 길들인 것인가? 단지 잘못된 신념으로 살고 있었던 것에서 벗어난 것인가?

<송>

騎牛已得到家山(기우이득도가산),
소를 타고 이미 고향에 도착하고,

牛也空兮人也閑(우야공혜인야한),
소는 없어지고 사람은 한가로우니,

紅日三竿猶作夢(홍일삼간유작몽),
아침 해는 높이 솟아도 여전히 꿈꾸고 있고,

鞭繩空頓草堂間(편승공돈초당간).
채찍과 고삐는 누추한 집 방안에 쓰임 없이 놓여 있다.

## 해설

본심을 이미 회복하니 본심이라는 개념도 없고 본심을 찾는
다는 생각도 없다. 헛된 것에 애쓰며 노력할 필요도 없다. 깨달
을 것도 깨닫는다고 하는 것도 없다.

## 감상

고향에 도착했다는 것은 어떻게 된 것인가? 본래 마음이 회복
된 것인가? 더는 수행이 필요 없고 할 일이 없어졌다.

### <和(화)>

欄內無牛趁出山(난내무우진출산),
울타리 안에 산으로 도망갈 소가 없고,

煙簑雨笠亦空閑(연사우립역공한),
삿갓과 도롱이 또한 쓸 일이 없으니,

行歌行樂無拘繫(행가행락무구계),
노래하며 즐겁게 사는데 걸림 없고,

贏得一身天地間(영득일신천지간).
하늘과 땅 사이 하나의 몸을 얻었다.


## 해설

마음 속에 본심을 찾는다는 개념이 없다. 이론이나 개념은 벗어났다. 있는 그대로의 삶을 즐길 뿐이다. 최고의 주체성을 달성했다.


## 감상

본래 마음은 더 이상 유혹받을 일이 없다. 지금 이 순간을 즐길 뿐이다. 천지인(天地人) 삼재(三才) 중에서 사람으로서 존재함을 얻었다.

## <又(우)>

歸來何處不家山(귀래하처불가산)?
돌아오니 어느 곳인들 고향이 아니겠는가?
物我相忘鎮日閑(물아상망진일한),
사물과 나를 모두 잊으니 온종일 한가롭고,

須信通玄峰頂上(수신통현봉정상),
깨달음의 경지를 비로소 확신하니,

箇中渾不類人間(개중혼불류인간).
개중 어리석지 않은 인간이다.

## 해설

비로소 개념이나 관념에서 벗어났다.

## 감상

본래 마음을 회복하니 모든 게 진실이다. 더 이상 대상과 나
라는 것에 휘둘리지 않으니 마음이 여유롭고 애쓸 것 없다. 비
로소 더는 나아갈 곳이 없는 데까지 이르렀음을 확신하니 혼돈
됨에서 벗어났다.

인우구망(人牛俱忘)

# 8. 사람도 소도 다 잊다(인우구망, 人牛俱忘)

<서>

凡情脫落, 聖意皆空(범정탈락, 성의개공).
범부의 정을 벗어났고, 깨달았다는 마음도 모두 비웠다.

有佛處不用遨遊, 無佛處急須走過
(유불처불용오유, 무불처급수주과).
부처가 있는 곳에서 노닐지 않고, 부처가 없는 곳은 마땅히 빨리 지나간다.

兩頭不著, 千眼難覷窺(양두불착, 천안난규).
양쪽 어느 곳에도 집착하지 않으니, 관음보살도 엿보기 어렵다.

百鳥含花, 一場懡㦬(백조함화, 일장마라).
온갖 새들이 꽃을 물어와 공양하는 것은, 한바탕 부끄러움이로다.

## 해설

세상살이에 휘둘리지도 않고, 깨달았다는 생각도 없다. 깨달았다는 순간 깨달았다는 마음에 빠지지 않고, 항상 깨닫고 있어야 한다. 깨닫고 있으나 깨달았다는 마음이 없으니 남들도 깨달은 사람인 줄을 모른다. 깨달음이 드러나서 온갖 칭송을 받는 것은 스스로 부끄러운 일이다.

## 감상

대상이나 일에 감정적으로 빠지지 않는다. 현실에 맞추어 평상심으로 살아갈 뿐이다. 필요에 따라 할 뿐 주변 상황에 빠지지 않는다. 의도를 갖는 특별한 일을 벌이는 마음이 없다. 칭송받으려는 마음이 없다.

### <송>

鞭索人牛盡屬空(편삭인우진속공),
채찍과 고삐, 사람과 소 모두 비어 있고,

碧天寥廓信難通(벽천요확신난통),
푸른 하늘 텅 비고 끝없이 넓으니 소식 전하기 어려우니,

紅爐焰上爭容雪(홍로염상쟁용설)?
붉은 화로의 불꽃이 어찌 눈을 용납 하리?

到此方能合祖宗(도차방능합조종).
이 경지에 이르러야 조사의 마음과 합치게 된다.

## 해설

깨달음을 얻으려는 주체나 깨달음이라는 대상 모두 초월하였다. 본래의 마음 자체인데 말로 표현할 수 없는 경지이다. 이러한 마음에서는 어떤 생각이던지 올라오는 즉시 녹아 없어진다. 근본적인 마음을 이룬 사람이다.

## 감상

더 이상 수행이라는 것이 없다. 나를 초월하였다. 나라는 허상에 더 이상 붙들려 있지 않는다. 막힘이 없는 이 마음은 말이나 글로 설명할 수 없다. 사사로운 어떤 것도 이 마음에 있을 수 없다. 과거 현재 미래의 조사들 마음도 같은 이 마음이다. 시공을 초월한 하나의 마음이다.

<和(화)>

慚愧衆生界已空(참괴중생계이공),
부끄러운 중생계는 이미 공하고,

箇中消息若為通(개중소식약위통)?
개중 소식을 전달할 것 같은가?

後無來若前無去(후무래자전무거),
뒤에 오는 자 없고 앞에 갔던 자도 없는 것 같으니,

未審憑誰繼此宗(미심빙수계차종)?
누구에 의하여 이 종지를 잇게 할까?

## 해설

이 세상에서 사는 나라는 마음은 없어졌다. 그러한 것을 말로
전달할 수가 없다. 전무후무한 것 같으니 전해 줄 사람이 없다.

## 감상

세상살이를 초월하였다. 이러한 마음을 알아줄 사람이 없다.

<\又(우)>

一鎚擊碎太虛空(일추격쇄태허공),
한 방 때려 거대한 허공을 박살내고,

凡情無蹤路不通(범정무종로불통),
범부는 종적 없고 길은 통하질 않으니,

明月堂前風颯颯(명월당전풍삽삽),
명월당 앞 바람이 삽삽하고,

百川無水不朝宗(백천무수불조종).
모든 강물이 바다로 모여들지 않음 없다.

## 해설

세상에서의 나라는 마음을 완전히 박살내었다. 모든 것이 있는 그대로이고, 하늘의 이치 그대로이다.

## 감상

여태까지 망상 속에서 살고 있었던 나의 세계를 박살 내었다. 여태껏 집착했던 모든 것들이 소멸되었고 길이라는 수단 방법도 소용이 없어졌다. 모든 것이 분명하고 있는 그대로이다. 모든 것이 하늘의 이치일 뿐이다.

반본환원(返本還源)

# 9. 근원으로 돌아가다(반본환원, 返本還源)

<서>

本來淸淨, 不受一塵(본래청정, 불수일진).
본래가 청정하고, 하나의 티끌도 없다.

觀有相之榮枯, 處無爲之凝寂(관유상지영고, 처무위지응적).
현상들이 흥하고 쇠함을 관하고, 무위의 응적함에 처한다.

不同幻化, 豈假修治(부동환화, 기가수치)?
환상과 동일시하지 않으니, 어찌 수행을 할 필요가 있는가?

水綠山靑, 坐觀成敗(수록산청, 좌관성패).
물은 맑고 산은 푸르니, 앉아서 성패를 관한다.

## 해설

본래의 마음은 원래 깨끗하고 맑은 하늘과 같다. 세상의 현상들이 일어나고 없어지는 것을 지켜보지만, 어떤 의도도 없는 절대 고요함을 유지한다. 어떠한 생각도 일으키지 않으니 그것을 없애려는 수행 또한 필요 없다. 보이는 세상은 그대로 있는 그대로 보며, 마음에는 인위적인 어떤 의도도 없다.

## 감상

사람은 태어날 때 이미 부처의 마음으로 태어났다. 오랜 수행을 통해 본래 마음을 회복하였다. 현상들을 지켜볼 뿐 현상에 휘둘리지 않는다. 마음은 의도가 없는 고요함을 근본으로 삼는다. 망상적인 것을 쫓지 않으니 수행할 필요가 없다. 하늘의 이치대로 물은 맑고 산을 푸를 뿐이다. 고요히 앉아 나의 마음과 세상을 지켜볼 뿐이다.

### <송>

返本還源已費功(반본환원이비공),
원래근원으로 돌아오니 이미 헛된 애씀이었구나!

爭如直下若盲聾(쟁여직하약맹롱)?
어찌 바로 장님과 귀머거리와 같겠는가?

庵中不見庵前物(암중불견암전물),
암자 안에서 암자 앞에 있는 물건을 못 보니,

水自茫茫花自紅(수자망망화자홍).
물은 절로 망망하고 아득하고 꽃은 절로 붉다.

## 해설

본래의 마음이 되니 그동안 세상의 나로서 헛되이 애를 썼을
뿐이다. 보고도 제대로 보지 못하고 듣고도 제대로 듣지 못했
다. 세상의 나로써 세상에 빠져 있으니 사물을 제대로 보지 못
했다. 세상은 있는 그대로일 뿐이다.

## 감상

본래 부처의 본성으로 돌아오니 여태껏 허깨비와의 싸움이었
다. 그동안 봐도 보지 못하고 들어도 듣지 못하였다. 마음의 장
애물에 의해 보지 못하였다. 이제 제대로 보니 물은 저절로 망
망하고 꽃은 저절로 붉구나.

<和(화)>

靈機不墮有無功(영기불타유무공),
신령한 기틀은 공로가 있고 없음에 떨어지지 않고,

見色聞聲豈用聾(견색문성기용농)?
모양을 보고 소리를 들음에 어찌 귀머거리를 쓰겠는가?

昨夜金烏飛入海(작야금오비입해),
어제 밤 태양이 바다에 들어갔고,

曉天依舊一輪紅(효천의구일륜홍).
새벽하늘엔 예전처럼 붉은 해가 떠있구나.

## 해설

본래의 마음은 인위적인 의도가 없다. 보고도 보지 못하고 듣
고도 듣지 못하는 것은 헛된 것이다. 세상은 하늘의 이치 그대
로 돌아가고 있을 뿐이다.

## 감상

본래 마음은 내가 없다. 나를 내세우지 않는다. '내가 이루었

다. 나는 대단하다.'라는 것이 없다, 있는 그대로 마음의 투사가 없이 보고 듣는다. 하늘의 이치를 보고 알 뿐이다.


< 又(우) >


用盡機關費盡功(용진기관비진공),
수단 방법 다 쓰고 온갖 애씀 허비했고,

惺惺底事不如聾(성성저사불여농),
또렷한 일은 귀머거리와 같지 않고,

草鞋根斷來時路(초혜근단래시로),
짚신 끈 다 떨어진 채 돌아오는 길에,

百鳥不啼花亂紅(백조비제화란홍).
온갖 새들 크게 울고, 꽃들은 어지럽게 붉게 피었구나.

## 해설

여태 세상의 나는 애쓰면서 온갖 노력을 다했지만 헛된 일이었다. 이제는 제대로 듣고 보고한다. 번뇌와 망상 속에서 헤매면서, 그 안에서 세상을 있는 그대로 보고 들을 수 있게 되었다.

## 감상

　무엇을 위해 이렇게 애쓰면서 살아왔는가? 이제는 총명하게 알아듣는구나. 온갖 고생을 하면서 살았지만 이제 내려놓고 본래의 마음을 회복하니 보고 듣는 것이 분명하다.

입전수수(入廛垂手)

# 10. 저자에 들어가 손을 드리우다
## (입전수수, 入廛垂手)

<서>

柴門獨掩, 千聖不知(시문독엄, 천성부지).
사립문 닫고 홀로 앉으니, 수많은 성인도 알지 못 한다.

埋自己之風光, 負前賢之途轍(매자기지풍광, 부전현지도철).
자기의 깨달음은 묻어버리고, 옛 성현 따라 밟은 길도 모두 저
버렸다.

提瓢入市, 策杖還家(제표입시, 책장환가).
표주박 차고 거리에 들어, 지팡이 끌고 집집마다 다닌다.

酒肆魚行, 化令成佛(주사어행, 화령성불).
저자거리의 중생으로 하여금, 스스로 부처가 되게끔 한다.

## 해설

깨달았다는 마음도 없으니, 다른 사람들은 그가 깨달은 줄 모른다. 나의 의도를 드러내지 않고, 어떤 권위에도 의지하지 않는다. 오직 진정한 만남이 있을 뿐이다. 만남을 통해 사람들이 스스로 자기의 마음을 순화하게 한다.

## 감상

혼자 고요히 앉아있으면 성성적적(惺惺寂寂)한 상태로 사적인 의도가 없으니 그가 어떻게 하려 한다는 것이 없다. 무아(無我)의 경지로서 나라는 것이 없고 어떠한 것에도 의지하지 않는다. 깨달았다는 것도 없이 보통사람으로 삶을 살 뿐이지만 주변사람들이 감화되어 마음이 순수해진다.

### <송>

露胸跣足入廛來(로흉선족입전래),
맨 가슴 맨발로 저자(가게)에 들어오고,

抹土塗灰笑滿腮(말토도회소만시),
재투성이 흙투성이라도 얼굴(腮)에 가득한 함박웃음.

110 | 십우도十牛圖 감상 **깨달음으로 가는 정신치료의 여정**

不用神仙眞秘訣(불용신선진비결),
신선의 참 비결은 쓰지 않고,

直教枯木放花開(직교고목방화개).
당장에 마른 나무에 꽃을 피게 한다.

## 해설

　가식 없는 순수한 마음으로 세상에 나온다. 세상의 가치를 초월하여 본래 자비의 마음을 가지고 있다. 어떤 의도도 없이 진정한 만남으로, 다른 사람들의 마음에 자비심을 일깨운다.

## 감상

　고귀함도 위엄도 없이 소박한 모습이다. 이념이나 신념도 없고 특별한 의식도 없는데 주변 사람들의 마음을 살아나게 한다.

## <화>

者漢親從異類來(자한친종이류래),
이놈은 틀림없이 이류에서 왔고,

分明馬面與驢腮(분명마면여여시),
말의 얼굴과 당나귀 뺨이 너무나 분명하다.

一揮鐵棒如風疾(일휘철봉여풍질),
질풍처럼 쇠몽둥이를 한번 휘둘리니,

萬戸千門盡擊開(만호천문진격개).
이 세상의 모든 문들을 두들겨 연다.

## 해설

아 사람은 세상의 가치관과는 다른 사람이다. 이상한 놈이 틀림없다. 그의 언행은 세상의 모든 가치를 부수고 순수한 본래의 마음을 열게 한다.

## 감상

세상 사람들처럼 이념이나 개념을 가지지 않는다. 그의 언행은 기존의 관념을 다 깨부순다.

### <우>

袖裏金鎚劈面來(수리금추벽면래),
소매 속에 금방망이 (도깨비) 마주 대하니,

胡言漢語笑盈腮(호언한어소영시),
오랑캐 말, 우리 말 (사람들) 웃음이 볼에 가득하고,

相逢若解不相識 상봉약해불상식,
만남이 마치 서로를 이해시키듯이,

樓閣門庭八字開 누각문정팔자개.
미륵의 누각 문이 활짝 열려있다.

## 해설

이 도깨비 같은 사람을 마주 대하면, 모든 사람들에게 자비로
움이 넘치게 한다. 진정한 만남이 서로를 이해하게 하듯이, 사
람들에게 깨달음에 들게 한다.

## 감상

이념이나 개념에 사로잡히지 않고 삶들을 대하니 모든 사람
이 편안함을 느낀다. 공감적인 만남으로 모든 기존의 관념과 생
각 없이 열린 공간이 되었다. '선(善)도 생각지 말고 악(惡)도 생
각지 말라. 이러할 때 어떤 것이 너의 본래면목(本來面目)인가?'
라는 화두가 있다. 참선하기 전의 마음가짐은 '선(善)도 생각지
말고 악(惡)도 생각지 말라.'는 것이다.

# Ⅳ. 십우도에서 보는 깨달음의 과정

이 부분은 『유교의 정신치료와 명상』
저자의 추천으로 여기에 추가로 실었다.

# 십우도에서 보는
# 깨달음의 과정

선불교에서 수행하여 깨달음에 이르기까지 마음의 변화를 아주 잘 표현한 10개의 소 그림으로 곽암의 십우도가 있다. 불교에서의 깨달음 과정이지만 마음의 변혁과정이라고 할 수 있다. 이 마음의 변혁과정을 정신치료 입장에서 간략하게 살펴보자. 또한 저자는 십우도에 대해 언급한 몇몇 사람들의 견해를 십우도의 정신치료 입장에서 주제별로 나누어 해당하는 부분에서 비교하였다. 곽암의 송과 자원의 서는 십우도의 원래 자료에 포함되어 있으며, 현대에서 십우도에 대해 언급한 사람들은 이희익, 이동식, 라즈니쉬, 상전한조, 오여균, 성엄, 스피겔만(Spiegelman) & 미유키(Miyuki)의 견해들을 인용하였다.

## 1. 심우(尋牛)

첫 번째 그림에서, 목동이 잃어버린 소를 찾고 있다. 이 그림에서, 소는 수행자의 본래의 마음을 나타낸다. 정신치료 입장에서 보면, 환자가 자신의 고통의 원인이 남이나 환경 탓이 아닌 자기에게 있으며 자기에게서 해결을 찾으려고 시작하는 단계이다. 입지(立志) 여기서, 정신치료의 목적이 고통스러운 것을 해결하는데 그치는 반면에 선 수행에서는 궁극적인 깨달음에 도달하려는 것이다. 그러나 그 과정은 같으며 인격의 성숙을 이루는 것은 공통 과정이다. 결과적으로, 수행은 부처가 되는 것이지만 정신치료는 성숙한 인간이 되는 것이다.

### 1) 자기 마음을 관찰하기 시작

소를 찾는다고 함은 내면의 자기의 마음을 들여다보는 것을 의미한다. 이것은 정신치료나 선 수행에서 기본적 조건이자 시작이다. 이희익은 "불법을 구하려는 원심을 일으킨 장면이다." 그리고 "이것은 자기 마음을 반조하여 불법을 구하려는 뜻을 세운 것이다."라고 하였다. 상전한조(上田閑照)는 "현재의 자기를 문제시하는 동시에 참된 자기를 향한 물음이다."라고 하였고, 오여균(吳汝鈞)은 "생명(마음)에서 찾을 필요가 있고, 외부에서 찾지 않아야 한다.(需在生命中尋, 不在外界方面尋.)"라고 했으며, 라즈니쉬는 "나는 누구인가?"라는 기본 질문이라고 했다. 승려

1. 소를 찾아 나서다(심우, 尋牛)

인 성엄은 "이것은 우리 존재의 깊은 곳에서, 평온을 찾기 위해
잃어버렸지만 되찾을 필요가 있는, 참되고 변치 않는 본성이 있
음이 분명하다는 느낌이 점점 자라고 있음을 보여준다."라고 했
다. 융 학파인 스피겔만(Spiegelman)은 "자기실현(realization)을
위한 자기(Self)의 내적(innate) 의지(urge)로 개인화(individuation)
가 시작한다."라고 했다. 이상 모두가 외부가 아닌 자신의 내부

로 향한 자기를 찾는 여정의 시작임을 말하고 있다.

## 2) 자기 마음을 있는 그대로 못 보는 이유

'진리는 눈앞에 있으면서 당신이 단지 눈뜨기만을 기다리고 있다(마이클 폴라니).'라는 말처럼 자기의 마음을 찾지만 자기의 마음을 보기란 어렵다. 이 이유에 대해 곽암은 "깨달음을 등지고 오욕속진에 빠져서, 잃어버리지도 않았는데 소를 찾지 못한다."라고 하였고, 이희익은 "본래면목을 가지고 있으면서 감각의 세계, 육체의 세계, 감정의 세계, 분별의 세계, 고관의 세계, 재벌의 세계에 자기가 있다고 집착하기 때문에 이를 등지고 있다. 등지기 때문에 멀어진다. 분별지식 때문에 본래면목을 상실한다."라고 했다. 이동식은 "핵심감정의 재배를 받고 있기 때문에 현실을 있는 그대로 못 본다."라고 하였다.

라즈니쉬(Rajneesh)는 "탐욕(greed), 두려움(fear), 소유욕(posse-ssiveness), 질투(jealousy), 미움(hatred), 분노(anger)를 떨쳐내야 하며, 자기 자신으로 돌아가기를 두려워한다."라고 하였다. 융학파인 미유키(Miyuki)는 "자기(Self)는 의식과 무의식, 빛과 어둠, 선과 악 같은 상반되는 것들의 통합된 역설적인 전체(parado xical totality)이기 때문에 그 상반되는 것들을 통합하지 않고는 그 전체(totality)의 의식 실현은 없다."라고 하였다.

2. 소의 자취를 발견하다(견적, 見跡)

## 2. 견적(見跡)

이 그림에서 목동은 잃어버린 소 발자국을 발견한다. 그러나 소는 아직 보이지 않지만, 목동은 소를 찾을 수 있다는 믿음을 가진다. 곽암에 의하면, 수행자가 선사들이나 불경의 가르침을 이해한 경계라 한다. 정신 치료적 관점에서 말하면, 환자가 자기의 문제에 대한 지적 통찰(intellectual insight)을 이루었다고 본다.

## 1) 지식적으로 마음을 이해(intellectual insight)

곽암의 서와 송에서 보듯이 경전과 가르침에 따라 지적으로 이치를 아는 단계이다. 정신치료에서는 지적 통찰(intellectual insight)에 해당한다고 볼 수 있다. 뭔가 방향을 확신한다. 이희익은 "경(經)과 어록경전을 읽고 고인의 어록을 보고 자성의 향방을 정하지 않으면 안 된다. 정사(正邪)를 택하여 공부하지 않으면 일평생 망친다."라고 하였고, 오여균은 "개념적, 사상적 측면(槪念的, 思想的層面)"이라고 하였다. 스피겔만(Spiegelmann)은 "모든 경전과 이론들은 흔적들이다. 직접 체험해야 한다."라고 하였고, 상전한조는 "법리로서 참된 자기의 실상을 짐작할 수 있다. 지해(知解)에 불과하다."라고 하였다. 성엄 스님은 "깨달은 스승이나 경전을 접한 것이다."라고 하였고, 이동식은 "핵심감정의 지배를 받고 있다는 것을 자각한다."라고 하였다. 라즈니쉬(Rajneesh)는 "생각들로 너무 혼잡하여서 마음(mind; 라즈니쉬는 이 용어를 세속적 마음으로 사용하였다)에 의해 너무 흐려져서 그 미묘한 발자국을 볼 수 없다. 이제 만약 이해하려고 한다면 소의 발자국들을 구별해낼 수 있게 된다. 가르침을 이해한 것이다."라고 하였다.

## 2) 지식적으로 아는 내용

곽암은 '명중기위일금(明衆器爲一金), 체만물위자기(體萬物

爲自己)'라고 하였다. 즉, '천지와 내가 한 뿌리요, 만물과 내가 한 몸이다.'라는 뜻이다. 이희익은 "보이는 것 들리는 것 모두 심(心)의 발견이 아님이 없다."라고 하였고, 성엄은 "과거에 깨달음을 얻었던 사람들도 한때는 자신들과 같은 보통사람들이었다는 것을 깨달으면서, 자신들도 역시 성취할 수도 있다는 확신을 가지게 된다."라고 하였고, 이동식(1990)은 「뭔가 있다는 것을 알기 시작한다. 예를 들어, 처음에는 어머니에 대해 좋게 말하다가 어느 정도 정신치료가 진행되고 나서, "어머니에 대해 뭔가 나쁜 감정이 있는 것 같다."」라고 느끼는 단계라고 한다.

## 3. 견우(見牛)

이제 목동은 소를 처음으로 잠시 본다. 이 순간, 수행자는 개념으로서가 아니라 경험으로 그 소를 보는 것이다. 정신치료 입장에서 보면, 환자가 자신의 억압된 감정을 느끼게 되고, 그것이 자기 문제의 원인임을 이해한다. 감정적 통찰(emotional insight)을 이룬 것이다.

### 1) 자신의 마음을 본다(emotional insight)

비록 얼핏 보았거나 일부를 보았다 할지라도 우리의 마음을 본 단계이다. 정신치료에서 감정적 통찰(emotional insight)이 여기에 해당한다고 볼 수 있다. 성엄(Sheng-yen)은 "잠시 눈을 떴

3. 소를 보다(견우, 見牛)

다가 다시 감은 상태이며, 이 시점부터 수행자는 번뇌(vexation; 속상하고 열 받는 것) 무엇인지 어느 방향이 올바른 수행인지 예리한 감각을 가진다. 이기적으로 집착하는 범부의 좁은 마음이 간파되고 따라서 일시적으로 열리고 사라진다."라고 하였다. 라즈니쉬는 "우리가 우리의 어리석음을 이해할 수 있는 것이 나를 아는 것의 시작이다." 그리고 "자신을 즉각적으로(immediately),

직접적으로(directly) 알아야 한다."라고 하였다. 오여균은 "자기의 생명 안에서 잃어버린 심우를 직접 본 것이다(直下看到自家生命中迷失了的心牛)."라고 하였고, 스피겔만(Spiegelmann)은 말하기를, "항상 있었던 것을 발견한다. 자신의 모든 활동 속에 있던 자기(자신의 존재, 자신의 공상, 꿈, 감정, 애써 추구함 등)이다. 자신을 발견할 때 항상 처음 드러나는 것은 어둠과 그림자이다. 이를 인정하는 것은 고통스럽다. 신의 어두운 면이 먼저 드러난다. 우리는 신(자신, 자연)의 어두움이다. 그 어두움의 자기 정화 과정임을 그리고 그 일부임을 깨닫는다."라고 하였다. 상전한조는 "자기를 발견한 요소가 언어로부터 몸으로 소급되었지만, 아직 자기 자체는 아니다."라고 하였다.

## 2) 우리의 마음을 보려면 어떻게 되어야 하나.

우리가 우리의 마음을 볼 수 있으려면 수행이나 정신치료에서 어떤 선택도 하지 않는 의식이 되어야 한다. 정신치료에서는 환자가 마음에 떠오는 대로 판단하지 않고 그대로 치료자에게 보고하는 것이고, 수행에서도 잡념이 없는 무심의 상태를 유지하는 것이다. 이희익은 "좌선하여 삼매의 힘이 외계의 소리에 타파되어 이에 홀연히 자성이 약동한다."라고 하였다. 성엄(Sheng-yen)은 "완전한 평정(perfect equanimity)의 마음을 달성하여 마음이 비게 된다."라고 하였고, 라즈니쉬(Rajneesh)는 "모든 일어나는 것을 자각하면서 어떤 선택도 하지 않는 것이다. 우리의 자각은 물속의 소금같이 우리의 모든 감각을 통해 움직인다. 도피하지 않고 직면한다. 분노가 치밀면 분노로 차 있으라. 깨어 있기만 하면 된다."라고 하였다.

### 3) 우리가 처음 보는 우리의 마음은 무엇인가?

이동식은 "핵심감정을 깨닫는 것이며 처음 보이는 것은 부정적 감정이다."라고 하였고, 스피겔만(Spiegelman)은 "하나님(God)의 어둠(darkness)이 먼저 나타난다."라고 하였다.

### 4. 득우(得牛)

이 단계에서, 목동은 소에 고삐를 꿰고 놓치지 않으려고 잡아당긴다. 그러나 소는 길들어 있지 않아, 때때로 채찍이 가해지기도 한다. 놓치지 않으려고 애쓰는 상태로 종종 놓치기도 한다. 정신치료 입장에서, 환자는 자기의 감정을 억압하지 않으면서 생생히 자각할 수 있게 된다. 반복하여 직면하면서 느끼는 훈습을 지속한다.

### 1) 자기의 마음을 억압하지 않고 계속 자각한다.

이 단계는 매우 중요하다. 오랜 시일이 걸릴 수 있다. 지속적

4. 소를 얻다(득우, 得牛)

인 집중과 고통을 피하지 않는 세월을 필요로 하기 때문이다. 그런데 곽암의 그림은 보는 이마다 여러 해석을 하게 한다. 이 희익은 "붙잡아서 자기 것으로 만들어야 한다. 그래서 일상생활에 활용해야 한다."라고 하였고, 이동식은 "핵심감정을 억압하지 않고 놓치지 않고 계속 자각하면서 핵심감정을 해결한다."라고 하였다.

라즈니쉬는 "자각(aware)하고 깨어(alert) 있어야 한다. 자기를 지배하는 마음이라는 독재자를 권좌에서 끌어낸다."라고 하였고, 스피겔만은 "신 자신의 무의식적 동물적 본성을 길들인다."라고 하였다. 오여균은 "최고 주체성을 체득한다(體證得最高主體性)."라고 하였고, 상전한조는 "고삐에 의해 참된 자기와 참된 자기를 찾는 자기와의 통일이 구체화하고 있다."라고 하였다. 성엄은 "소 전체를 안다. 자기의 본래면목을 완전히 경험하지만 미세한 소인 (또는 오염)이 번뇌(vexation)를 일으키는 것이 여전히 남아 있지만, 그의 행동은 상당히 제어(suppress)되어있다."라고 하였다.

## 2) 힘든 과정이다.

곽암의 그림과 서와 송에서 보듯이 힘든 노력이 필요함을 보여 준다. 스피겔만은 "훈련(training)과 수련(discipline)의 과업이 요구되는 시기이다. 신성(divine nature)과 인성이 무의식과 '본성에(natural)'에 남아 있고 싶어 한다. 그리고 투쟁 되고 길들고 채찍질 받는 어둠의 힘(dark power) -이것 또한 전체를 바라는 다른 반쪽인- 이 있다."라고 하였다. 라즈니쉬는 "독재자인 마음(mind)이 쉽게 힘을 잃지 않으려 할 것이고 투쟁이 있을 것이고 지속성이 요구된다."라고 하였고, 이동식은 "핵심감정을 직면하는 것이 고통스럽기 때문에 핵심감정을 피하려고 모든 노력을 추구한다."라고 하였다.

## 5. 목우(牧牛)

이 단계에서, 야생의 소는 길들여진다. 그리고 이 변화는 소의 색깔로 표현되는데 소의 모습이 반은 검고 반은 희게 그려진다. 그리고 이 흰 부분이 전체로 퍼지는 것이다. 정신치료 입장에서, 이 단계는 훈습을 통해 인격의 변화를 일으켜 부정적 감정은 정화되고, 긍정적인 감정과 건설적인 행동 양식이 새롭게 살아나는 것이다.

### 1) 자기 마음을 보는 것이 더욱 깊어짐.

곽암의 송(頌)에 <편삭시시불리신(鞭索時時不離身)>이라고 하였듯이 계속 자기의 마음을 보면서 자각을 유지하지만, 득우 때와는 다르게 노력이 훨씬 덜 들어간다. 이동식은 "핵심감정을 계속 깨닫고 있으면서 점차 핵심감정이 없어지면서 그 감정의 지배를 벗어나는 과정이다."라고 하였고, 이희익은 "정념을 놓치지 않도록 유념해야 한다. 화두를 잊어버려도 무심하게 되는 때까지 길들여야 한다."라고 하였다. 상전한조는 "구별은 있지만, 긍정적이고 조화로운 이중성으로 전환되고 있다."라고 하였고, 성엄은 "깊은 삼매를 통해 번뇌의 억압된 종자나 소인(predispositions)에 도달하여 뿌리를 뽑는 것과 같다."라고 하였

5. 소를 기르다(목우, 牧牛)

다. 스피겔만은 "희어지는 것(whitening)은 개인화 과정이며, 끝없는 연상의 흐름이 곧 진실이 된다. 중심이 잡혀있어야 그렇게 된다."라고 하였다.

### 2) 감정의 순화

천리대 소장의 오산판 십우도 그림에서 이 시기에 소가 검은색에서 흰색으로 변해 있음을 볼 수 있고 다른 판본들은 검고 흰 것에 대한 묘사가 거의 없다. 특별하게 한국의 선종 사찰들의 벽화에서 보이는 대부분의 십우도 그림에서는 목우 단계에서 소의 색깔이 반은 검은색이고 반은 흰색으로 그려져 있는 것이 특징이며 다른 나라에서는 볼 수 없다. 또한 다른 종류의 십우도(보명)에서는 아예 소가 검은색에서 흰색으로 점차 변화는 과정을 노골적으로 묘사하고 있다. 미유키는 "이렇게 소가 검은색에서 흰색으로 변하는 것을 '희어지는 것(whitening)'이라 하면서 융(Jung)의 연금술 작업과 연결 시켰다. 무의식의 넘쳐흐르는 에너지를 상징하는 야생의 검은 소를 약화시키고 (depotentiate) 통정하는 것이 희어지는 것(whitening)이다."라고 하였다. 이동식은 "자기 파괴적인 감정이 없어지고 건설적인 사랑의 감정이 성장하는 것으로 긍정적인 힘의 성장이다."라고 하였다.

### 3) 새로운 건강한 행동 양식의 출현

감정이 해결되면서 행동 양식의 변화가 생긴다. 긍정적으로 변하는 단계로서 곽암의 송에서 '자축인'처럼 감정이 순화되어 행동에도 변화가 뒤따름을 나타낸다. 이동식은 "환자는 핵심감정의 지배에서 벗어나면서 오히려 감정을 지배할 수 있기 시작한다."라고 하였고, 라즈니쉬는 "자각과 훈련의 시기이며 훈련은 단순히 에너지가 이동하는데 새로운 통로를 만들려는 노력이다."라고 하였다.

## 6. 기우귀가(騎牛歸家)

이제, 피리를 불면서, 목동은 소를 타고 집으로 향한다. 소는 충분히 길들었고, 힘을 들이지 않고도 소에 몸을 맡기고 집으로 온다. 수행자는 더 이상 세속의 유혹에 흔들리지 않는다. 정신치료 입장에서, 이 단계는 환자의 감정이 충분히 정화되어서 더는 감정적 고통이 없는 대자유인이 된 경지이다.

### 1) 자유로운 경지

곽암의 서와 송에서 볼 때 뭔가 속박에서 벗어난 자유로운 경지를 느끼게 한다. 이희익은 "대자재(大自在)를 얻은 경지, 일일시호일(日日是好日)."이라고 하였고, 성엄은 "이 경지의 사람들은 이들 주위 세계를 투명하게 자각하고 있고, 그것을 친밀하게(intimately) 자각하고 있지만, 그것이 그들 내에 탐욕과 분노의 느낌들을 일으키지 않는다. 계율(precepts, 삼매(samadhi), 지혜(wisdom)가 그들 존재의 일부가 된다."라고 하였다. 스피겔만은 "영성(spirit)의 성숙으로 볼 수 있다. 그는 자유로우며 그는 그의 느끼는 자연 -그가 그렇게 많은 시간을 관계하면서 길들여 왔던- 에게 주어진다. 이 관계에 조화(reconciliation), 즉 우리의 모든

6. 소 타고 집에 돌아가다(기우귀가, 騎牛歸家)

갈등들인 모든 우리의 불화협의 해결이 있다."라고 하였다. 라즈니쉬는 "이들은 험(hum)이 이들에게 찾아오는 새로움의 콧노래 소리(humming sound)를 느낄 수 있으며, 억압은 여러분을 병들게 한다."라고 하였다.

## 2) 성숙 또는 주체성 회복

이동식은 핵심감정의 극복된 것이라고 하였다. 오여균은 "수행에서 기본적으로 임무를 완성한, 최고 주체성을 다시 찾은 경지이다."라고 하였고, 성엄(Sheng-yen)은 "그 사람의 육근문(六根門)이 번뇌(vexation)의 오염에서 정화된다. 이런 사람들은 어떤 환경에 접촉해도 번뇌와 고통(vexation)이 일어나지 않는다."라고 하였다. 상전한조는 "자기 자신의 통일성 자체로 돌아가고 있다."라고 하였고, 라즈니쉬는 "그대 존재의 마스터(master)가 된다."라고 하였다.


## 7. 망우존인(忘牛存人)

이 그림에서, 소는 더 이상 보이지 않는다. 목동은 집에서 한가히 쉬고 있다. 소는 보이지 않지만, 사람은 아직 남아 있다. 정신치료 입장에서, 감정은 완전히 정화되어 더 이상 괴로움이 없고, 훈습 할 것도 없다. 이 수준은 매우 최고로 성숙한 인간으로서, 서양의 정신치료에서는 이상적인 목표이다.


### 1) 달을 보았으면 그것을 가리켰던 손가락은 잊어버려라.

진리(reality)를 보았으면 여태껏 진리를 보기 위한 도구나 수단이 되었던 소를 잊어 버려야 한다. 진리를 상징하는 달을 가

7. 소는 잊고 사람만 있다 (망우존인, 忘牛存人)

리고 있었던 구름이 걷히는 것과 같다. 이희익은 "불성을 깨치기 위하여 소를 임시 불성으로 취급했다. 불성을 알았다면 소는 필요하지 않다."라고 하였고, 오여균은 "주체성이 달이고 소가 손가락이다. 곽암이 말하는 토끼나 물고기는 목적이고 덫이나 그물은 도구이다."라고 하였다. 성엄은 "더 이상 길들일 번뇌도 연마할 깨달음도 지각하지 못한다."라고 하였고, 라즈니쉬는

"여러분과 현실(reality) 사이에 마음(mind, 구름과 같은)이 장벽이며, 하나(oneness)가 바로 실존의 본질이며 둘(twoness)은 우리의 생각(imagination)이다."라고 하였다. 스피겔만은 "본능, 욕동, 열정, 득과 실의 우리의 투쟁이 단지 전달 수단이요 방법이다…. 우리가 원하는 것은 경험의 현실이다. 그 자기(Self)는 더 이상 소에 투사되지 않는다. 또는 동물적인 종류의 자각(awareness)이 더는 필요 없다."라고 하였다.

## 2) 개인화 완성

그림에서 보듯이 모든 갈등이 사라지고 사람만 한가하게 앉아있는 모습이다. 이동식은 "정신치료로 도달할 수 있는 최고의 한계이다. 자신을 포함하여 모든 것들을 대상으로 보는 것이 노이로제이므로 이 단계는 대상이 없어진 완전히 성숙한 인간의 모습을 나타낸다. 핵심감정(애응지물)이 완전히 없어져서 더 이상 범정(凡情)에 의해 현실을 왜곡하지 않는 상태이다."라고 하였다. 이희익은 "깨침을 얻었다는 것도 없는 진짜 깨침이다. 나라는 존재는 가지고 있다."라고 하였고, 오여균은 "수행자와 주체성이 실은 하나다."라고 하였다. 상전한조는 "철저히 자기화된다. 형상이 있는 일체의 자기 상이나 모든 개념적 실존적 자기 파악은 당체의 자기 자신인 곳에서는 사라진다."라고 하였다. 미유키는 "자아(ego)가 무의식에 직면하는 개인화(individuation)

과정이 끝나는 단계이다."라고 하였고, 성엄은 "집착(attachment)과 혐오감(aversion)은 더는 마음에 영향 주지 못한다. 여전히 '자기(self)'라는 느낌이 있다."라고 하였다. 라즈니쉬는 말하기를, "일단 자기 마음(mind)의 주인(master)이 되는 순간이다. 그 마음은 더 이상 존재하지 않는다. 마음이 있다는 생각마저 사라져 버린다. 자기를 전체로부터 분리하지 않는다."라고 하였다.

## 8. 인우구망(人牛俱忘)

이 그림에서, 소도 목동도 보이지 않는다. 단지 텅 빈 원만 있을 뿐이다. 이것은 수행자에게 어떠한 애착도 없다는 것을 의미한다. 이 단계는 서양의 정신치료 목표를 넘어서는 수준이다. 이동식(Rhee)과 스피겔만은 이 점에 동의한다. 초개아심리학(Transpersonal Psychology)에서 말하는 진정한 의미의 자기를 초월한 경계일 것이다.

이희익은 "대오철저한 경계로서, 깨침도 없고 깨쳤다는 법도 없다. 인경구탈(人境俱奪)의 경계이고 확연무성(廓然無聖)한 경계이며, 사람도 소도 녹아 아무것도 없는 공(空)의 상태이다. 대사일번(大死一番)의 상태이다."라고 했으며, 라즈니쉬는 "삶을 초월한, 그대 자신마저 초월한, 무(無), 니르바나, 해탈, 하나님의 왕국의 차원이다."라고 설명하였다.

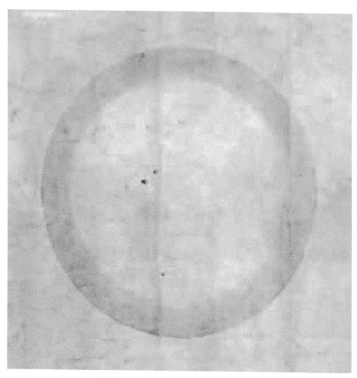

8. 사람도 소도 다 잊다 (인우구망, 人牛俱忘)

분석심리학에서 말하는 "비-자아 정신상태(ego-less mental cond
-ition)", "자아 없는 의식(consciousness without an ego)", "더 이상 내
가 사는 게 아니고, 그리스도가 내 안에서 사는 것이다." "자기(S
elf)중심인 심(心)의 기능." 들로 설명되는바, 스피겔만은 "자아
와 자기(Self)는 하나이다."라고 하였다. 이동식은 "이 단계부터
는 서양의 정신치료 범주를 넘어선다."라고 하였고, 성엄은 "우

리가 정말로 '누구'일 때, '누구라는 것'이 무엇이건 간에 그런 감
각이 없다."라고 하였다.

## 9. 반본환원(返本還源)

이 그림에는 산, 꽃들, 시냇물들이 그려져 있다. 모든 것들이
자연 그대로 있다. 어떠한 투사도 없는 있는 그대로의 현실을
의미한다. 만약 우리가 우리의 무의식적 느낌을 외부 세상에 투
사하지 않는다면, 우리는 세상의 현실을 있는 그대로 지각할 것
이다. 소위 '산은 산이요 물은 물이다.'라는 말에 해당할 것이다.
곽암의 송에 '수자망망(水自茫茫), 화자홍(花自紅).'이라고 표현
한 것과 같은 의미일 것이다.

이희익은 "청정무구(淸淨無垢)한 심(心)이 우주와 하나가 되는
곳으로 돌아가는 것이다. 본유(本有)의 가산(家山)에 되돌아와 자
수용(自受用) 삼매로 활약한다. 자연 세계가 그대로 진실이다. 일
원상과는 표리이다. 진공(眞空) 다음에 묘유(卯有)의 경지이다."라
고 하였고, 라즈니쉬는 "전체가 그대를 소유하도록 허락한다. 그
대와의 단절이나 본성으로부터 이탈하지 않는다. 에너지는 오직
하나의 흐름, 즉 자연의 흐름밖에 모른다. 그대가 하늘의 뜻인 것
이다."라고 하였다. 스피겔만(Spiegelmann)은 "전체과정은 자연
자체의 하나이다. 자연, 그녀 자신의, 정신이 드러나는 것이다."라
고 하였다. 성엄은 "자각이 돌아왔을 때, 모든 것은 보통사람들이

9. 근원으로 돌아가다(반본환원, 返本還源)

지각하는 것과 같이 지각되지만, 이전과는 같지 않다. 이 자각은 순수 지혜로서 모든 것을 투명하고 정확하게 비춘다. 무엇을 직면하던지, 번뇌(vexation)의 장애 없이 있는 그대로 본다."라고 하였다.

10. 저자에 들어가 손을 드리우다(입전수수, 入廛垂手)

## 10. 입전수수(入廛垂手)

이 그림에서, 한 늙은이가 저잣거리에 들어와서 활동하는 것이다. 그 늙은이는 수행자가 부처가 된 모습이다. 부처나 성인은 최고로 성숙하고 정신 건강한 사람이다. 예수, 석가모니, 공자와 같은 사람이다.

이희익은 "화광동진(和光同塵)으로, 민중과 하나가 되어 그들을 구제한다. 포대 스님이 민중 가운데 들어가 히죽 웃는 것만으로 상대가 모두 고목에 꽃이 피는 것같이 생기에 차게 된다."라고 하였고, 라즈니쉬는 "누구나 신성하다는 고귀한 인식이며 깨달음이다. 모든 사람 속에 있는 신과 함께 어울린다는 것이다. 세상이 곧 해탈이다. 나의 본성이 되었다. 내가 지복이다. 그대가 성성하게 살아 있을 때는 그대에게 닿는 것은 무엇이든 성성하게 살아나게 된다. 그대가 세계인 것이다."라고 하였다. 성엄은 "완전히 해탈된 수행자는 자연적으로 살고 있는 존재들의 욕구에 맞추기 위해 대자비심과 자유자재한 수단을 일으킬 수 있다. 살고 있는 존재들을 돕기 위하여 어떤 형태로 나타나거나 어떤 인격이나 신분을 띤다."라고 하였다.

# 십우도

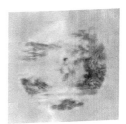

1. 심우(尋牛)

2. 견적(見跡)

3. 견우(見牛)

4. 득우(得牛)

5. 목우(牧牛)

6. 기우귀가(騎牛歸家)

7. 망우존인(忘牛存人)

8. 인우구망(人牛俱忘)

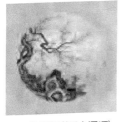

9. 반본환원(返本還源)

10. 입전수수(入廛垂手)

## 참고서적

1. 심우도 : 장순용, 2000, 세계사
2. Hoofprint of the Ox : 성엄(Sheng-yen), Oxford
3. 심우도 : 곽암, 이희익 제창, 경서원
4. 한국인의 주체성과 도 : 이동식, 1974, 일지사
5. 심우도;自己の 現象學 : 上田閑照, 柳田聖山. 筑摩書房
6. 十牛圖頌所展示的禪的實踐與終極關懷 : 오여균, chibs.edu.tw 중화불학학보 제4기 항313-339, 香港浸會學院
7. 잠에서 깨어나라 : 오쇼 라즈니쉬, 길연옮김, 1996, 범우사
8. Buddhism and Jungian Psychology : J.Marvin Spiegelman, Mokusen Miyuki, Falcon Press, Phoenix, Arizona, U.S.A. 1987

# 십우도 감상

## 깨달음으로 가는 정신치료적 여정

| 초판 1쇄 인쇄일 | 2024년 11월 18일 |
| 초판 1쇄 발행일 | 2024년 11월 25일 |

| 엮은이 | 심상호 홍영호 고진철 |
| 펴낸이 | 한선희 |
| 편집/디자인 | 정구형 이보은 박재원 |
| 마케팅 | 정찬용 정진이 |
| 영업관리 | 한선희 한상지 |
| 책임편집 | 정구형 |
| 인쇄처 | 으뜸사 |
| 펴낸곳 | 국학자료원 새미(주) |
| | 등록일 2005 03 15 제25100-2005-000008호 |
| | 경기도 고양시 권율대로 656 클래시아 더 퍼스트 1519, 1520호 |
| | Tel 442-4623 Fax 6499-3082 |
| | www.kookhak.co.kr |
| | kookhak2010@hanmail.net |

| ISBN | 979-11-6797-178-4 *03150 |
| 가격 | 18,000원 |